2023年
中国外语教材发展报告

北京外国语大学中国外语教材研究中心 著

外语教学与研究出版社
FOREIGN LANGUAGE TEACHING AND RESEARCH PRESS
北京 BEIJING

图书在版编目（CIP）数据

2023 年中国外语教材发展报告 / 北京外国语大学中国外语教材研究中心著. -- 北京：外语教学与研究出版社，2024.6
ISBN 978-7-5213-5135-4

Ⅰ.①2… Ⅱ.①北… Ⅲ.①外语－教材－研究报告－中国－2023 Ⅳ.①H3

中国国家版本馆 CIP 数据核字（2024）第 058574 号

2023 年中国外语教材发展报告
2023 NIAN ZHONGGUO WAIYU JIAOCAI FAZHAN BAOGAO

出 版 人	王　芳
责任编辑	毕　争
责任校对	杨　钰
封面设计	郭　莹　梧桐影
出版发行	外语教学与研究出版社
社　　址	北京市西三环北路 19 号（100089）
网　　址	https://www.fltrp.com
印　　刷	北京九州迅驰传媒文化有限公司
开　　本	650×980　1/16
印　　张	13
字　　数	181 千字
版　　次	2024 年 6 月第 1 版
印　　次	2024 年 6 月第 1 次印刷
书　　号	ISBN 978-7-5213-5135-4
定　　价	59.90 元

如有图书采购需求，图书内容或印刷装订等问题，侵权、盗版书籍等线索，请拨打以下电话或关注官方服务号：
客服电话：400 898 7008
官方服务号：微信搜索并关注公众号"外研社官方服务号"
外研社购书网址：https://fltrp.tmall.com

物料号：351350001

前　言

　　教材是培根铸魂、启智增慧的重要载体，直接关系到人才培养的方向和质量，其内容和形式应该集中体现党和国家的意志。作为教育的根本问题，"培养什么人、怎样培养人、为谁培养人"事关中国特色社会主义事业兴旺发达、后继有人，事关国家与社会的长治久安，所谓"尺寸课本，国之大者"。进入新时代，中国对世界的全方位影响日益凸显，中国与世界的交流和互动日趋紧密，冲突与张力难以避免，世界需要了解真实、立体、全面的中国，中国也更需要有效的自我表达和自我构建。语言是人类理解、表达和构建意义的主要工具。外语，特别是英语，作为全球范围内最强大的符号资本，在跨文化、跨文明交流互动中占据举足轻重的地位，外语人才培养在国家发展战略、社会进步和经济文化交流中已经、正在并将继续发挥不可替代的作用。面对以中国式现代化全面推进中华民族伟大复兴的战略全局和世界百年未有之大变局，这种作用必将愈加凸显。如此，外语教材建设的战略属性、政治属性和民生属性也必将更加彰显。

　　在这一背景下，北京外国语大学中国外语教材研究中心（大中小学外语国家教材建设重点研究基地）策划编写"中国外语教材发展年度报告"系列丛书，旨在对我国外语教材建设与研究情况进行阶段性总结梳理，对外语教材建设与研究的趋势、问题与举措进行回顾与反思。由于我国外语教材种类繁多、内容丰富、形态创新，本报告将按年度对外语教材建设与研究的宏观形势、突出特点和主要成就进行整理分析，以及时探析经验与不足，启迪未来发展。

　　《2023年中国外语教材发展报告》共七章。第一章概述2023年我国外语教材发展的宏观形势、突出特点和主要成就，并展望未来发展方向。第二章到第六章分别阐述中小学、职业院校、高等学校英语教材、高等学校多语言教材及国际中文教材建设。每章主要内容包括相关政策、教材出版概况、教材使用案例和教师培训情况。第七章综述外语教材研究相关期刊发文、科研项目与学术会议情况，分析研究趋势和热点。全书编写框架体现教材编写、使用、研究一体化的教材建设理念，力求促进优质教材建设与应用，推动教材建设在理论与实践互动中创新发展。

在深入分析 2023 年中国外语教材建设与发展的基础上，我们认为，未来外语教材的发展将在以下五个方面持续发力和着力。第一，随着人工智能，特别是大语言模型的快速迭代与发展，未来的外语教材将更加注重与数字化、智能化的融合。利用大数据、人工智能等技术，实现个性化学习推荐、智能语音评估等功能，从而提升外语学习效率和学习体验。第二，为了培养有家国情怀、有全球视野、有专业本领的复合型人才，外语教材将更加注重文化文明多样性，通过增加跨文化交流、互鉴的内容，帮助学生更好地理解和尊重多元文化。第三，随着创新人才培养需求日益紧迫，外语教材将更多地与其他学科进行融合，如科学、艺术、历史等，通过跨学科融合与创新学习活动设计，培养学生的综合素养和创新能力。第四，随着环保意识的提升，未来的外语教材可能会采用更加环保的材质和印刷方式，同时，在内容上也会融入可持续发展等全球议题，引导学生关注全球问题并培养其环保意识。第五，未来的外语教材将更加注重实用性和即时性，紧扣时代脉搏，及时反映全球热点和趋势，以便学生能够将所学知识与现实世界紧密相连。

"中国外语教材发展年度报告"系列丛书是北京外国语大学中国外语教材研究中心的重要研究成果，也是中心承担学术使命和社会责任，发挥引领、指导与服务功能的重要体现。我们期待能够通过报告强化坚持正确的教材建设方向、提高教材建设质量、加强教材建设研究，进而推动我国外语教育教学改革创新与发展。本系列丛书既可以为外语教材相关政策制定提供信息，为外语教材研究提供参考，也可以为外语教材的编写和出版提供借鉴。

北京外国语大学中国外语教材研究中心
2024 年 5 月

目　录

第一章　总述　　　　　　　　　　　　　　　　　　　　　　　1

1.1　2023 年我国外语教材发展的宏观形势 ················· 2
1.2　2023 年我国外语教材发展的突出特点 ················· 7
1.3　2023 年我国外语教材发展的主要成就 ················ 11
1.4　我国外语教材发展展望 ···························· 14

第二章　中小学外语教材建设　　　　　　　　　　　　　　　17

2.1　中小学外语教材相关政策 ························· 18
2.2　中小学外语教材出版概况 ························· 21
　　2.2.1　义务教育英语教材 ························ 21
　　2.2.2　高中英语教材 ···························· 23
　　2.2.3　中学多语言教材 ·························· 25
　　2.2.4　中小学数字教材 ·························· 27
2.3　中小学外语教材使用案例 ························· 28
　　2.3.1　中小学英语教材使用案例 ·················· 28
　　2.3.2　中学多语言教材使用案例 ·················· 34
2.4　中小学外语教材教师培训 ························· 35
　　2.4.1　中小学英语教材教师培训 ·················· 35
　　2.4.2　中学多语言教材教师培训 ·················· 39

v

第三章　职业院校外语教材建设　　43

- 3.1　职业院校外语教材相关政策 44
- 3.2　职业院校外语教材出版概况 45
  - 3.2.1　职业院校英语教材 45
  - 3.2.2　职业院校多语言教材 49
  - 3.2.3　职业院校数字教材 52
- 3.3　职业院校外语教材使用案例 54
  - 3.3.1　职业院校英语教材使用案例 54
  - 3.3.2　职业院校多语言教材使用案例 58
- 3.4　职业院校外语教材教师培训 59
  - 3.4.1　中职外语教材教师培训 59
  - 3.4.2　高职外语教材教师培训 61

第四章　高等学校英语教材建设　　66

- 4.1　高等学校英语教材相关政策 66
- 4.2　高等学校英语教材出版概况 72
  - 4.2.1　大学英语教材 72
  - 4.2.2　英语类专业教材 79
  - 4.2.3　高等学校英语数字教材 89
- 4.3　高等学校英语教材使用案例 95
  - 4.3.1　浙江外国语学院：构建"理解当代中国"课程体系，全面提升国际传播能力 95
  - 4.3.2　郑州大学：深挖教材实现价值引领，数字赋能打造新型课堂 96

        4.3.3　山东理工大学："以学生为中心，以产出为导向，以育
             人为目标，以智能为驱动"的课堂教学范式改革......97
        4.3.4　华南理工大学：新工科背景下学术英语一流本科课程
             建设......97
    4.4　高等学校英语教材教师培训......98
        4.4.1　全国性教师培训项目......98
        4.4.2　虚拟教研室......100
        4.4.3　教材编写与使用讲座......101

第五章　高等学校多语言教材建设　102

    5.1　高等学校多语言教材相关政策......102
    5.2　俄语教材......103
        5.2.1　俄语教材出版概况......103
        5.2.2　俄语教材使用案例......109
        5.2.3　俄语教材教师培训......110
    5.3　德语教材......110
        5.3.1　德语教材出版概况......110
        5.3.2　德语教材使用案例......113
        5.3.3　德语教材教师培训......114
    5.4　法语教材......116
        5.4.1　法语教材出版概况......116
        5.4.2　法语教材使用案例......118
        5.4.3　法语教材教师培训......121
    5.5　日语教材......123
        5.5.1　日语教材出版概况......123

5.5.2　日语教材使用案例 ·· 128
　　　5.5.3　日语教材教师培训 ·· 133
　5.6　西班牙语教材 ·· 136
　　　5.6.1　西班牙语教材出版概况 ·· 136
　　　5.6.2　西班牙语教材使用案例 ·· 138
　　　5.6.3　西班牙语教材教师培训 ·· 139
　5.7　阿拉伯语教材 ·· 141
　　　5.7.1　阿拉伯语教材出版概况 ·· 141
　　　5.7.2　阿拉伯语教材使用案例 ·· 142
　　　5.7.3　阿拉伯语教材教师培训 ·· 143
　5.8　非通用语种教材 ·· 144
　　　5.8.1　非通用语种教材出版概况 ······································· 144
　　　5.8.2　非通用语种教材使用案例 ······································· 150
　　　5.8.3　非通用语种教材教师培训 ······································· 152

第六章　国际中文教材建设　　　　　　　　　　　　　　154

　6.1　国际中文教育相关政策 ··· 155
　6.2　国际中文纸质教材出版概况 ··· 157
　　　6.2.1　低年龄段教材品种大幅增加，满足国民教育体系
　　　　　　需求 ··· 158
　　　6.2.2　"中文+"教材建设突飞猛进，推动专业中文人才
　　　　　　培养 ··· 159
　　　6.2.3　数智化资源多元发展，促进教材形态不断升级 ········· 160
　　　6.2.4　语言文化融合加深，教材内容全面立体 ·················· 161
　6.3　国际中文数字教材出版概况 ··· 168

6.3.1　新形态教材·····················168
　　　6.3.2　网络课程······················169
　　　6.3.3　数字应用······················170
　6.4　国际中文教材使用案例···················171
　　　6.4.1　四川大学：分阶段设课，全面推进教材实际应用······171
　　　6.4.2　华东政法大学：设置真实场景，提升商务汉语实战
　　　　　　能力························171
　　　6.4.3　東华应用科技大学：双零基础授课，开拓"中文+技
　　　　　　能"学习模式····················172
　　　6.4.4　亚美尼亚中学：针对国情学情，编选本土化系列
　　　　　　教材························173
　　　6.4.5　北美地区幼儿园：学习主题读物，发展儿童多元
　　　　　　智能························173
　6.5　国际中文教材教师培训···················174
　　　6.5.1　创新赋能：发展中文教学新理念，探索口语产出
　　　　　　新方法·······················174
　　　6.5.2　凝心聚力：在交流中汇思考，在沟通中凝共识·····175
　　　6.5.3　双向哺育：以教材带理念，以培训促应用·······175
　　　6.5.4　交流提升：开展专业研讨，推动教学创新·······176

第七章　外语教材研究　　　　　　　　　　　　　　　177

　7.1　期刊论文··························177
　　　7.1.1　文章数量和来源期刊················177
　　　7.1.2　教材的语言和学段·················178
　　　7.1.3　研究类别与主题··················178

  7.1.4 2023 年外语教材研究的特点 ················ 182
 7.2 科研项目 ································ 184
 7.3 会议交流 ································ 187

附录1：2023 年中国外语教材发展大事记   **191**

附录2：2023 年外语类 CSSCI 期刊和北大核心期刊外语教材研究文章   **192**

第一章 总述

2023年是全面贯彻落实党的二十大精神的开局之年，是三年新冠疫情防控转段后经济恢复发展的一年，也是实现"十四五"规划承上启下的关键一年。以习近平同志为核心的党中央团结带领全党全国各族人民，顶住外部压力、克服内部困难，全面深化改革开放，加大宏观调控力度，着力扩大内需、优化结构、提振信心、防范化解风险，国家经济形势回升向好，高质量发展扎实推进。现代化产业体系建设取得重要进展，科技创新实现新的突破，改革开放向纵深推进，安全发展基础巩固夯实，民生保障有力有效，全面建设社会主义现代化国家迈出坚实步伐。

教材建设是育人育才的重要依托，处于国家战略工程、基础工程的重要地位，外语教材的质量直接影响着外语人才的培养质量。站在新的起点，我国外语教材将立足"两个大局"，心怀"国之大者"，准确把握新的时代方位，深刻认识新的历史使命，深入贯彻习近平新时代中国特色社会主义思想，全面落实立德树人根本任务，在服务国家国际传播能力建设、构建中国话语和中国叙事体系、推动外语教育改革创新等方面发挥重要作用，为加快建设中国特色高质量外语教材体系、全面提高外语人才自主培养质量提供有力支撑，为我国建设高质量教育体系、加快建成教育强国作出更大贡献。

为贯彻落实党和国家有关教材工作的重要精神，及时总结我国外语教材发展成就，充分展现我国外语教材建设的新趋势与新变化，北京外国语大学中国外语教材研究中心（大中小学外语国家教材建设重点研究基地）自 2020 年起，按年度发布《中国外语教材发展报告》。本期报告旨在全面梳理和分析 2023 年中国外语教材的发展状况，通过总结政策导向、教材出版概况、使用案例、教师培训以及研究成果等多个方面，展现外语教材建设的宏观形势、突出特点、主要成就以及未来展望。报告覆盖中小学、职业院校、高等学校以及国际中文教育等多个领域，以期为读者提供关于中国外语教材发展情况的全面概览，以期促进交流探讨，启迪未来发展。

1.1 2023 年我国外语教材发展的宏观形势

1 月 12 日，2023 年全国教育工作会议在北京召开。会议强调，要以习近平新时代中国特色社会主义思想为指导，紧紧围绕深入学习贯彻党的二十大精神这条主线，认真贯彻落实习近平总书记关于教育的重要论述，深刻领悟"两个确立"的决定性意义，增强"四个意识"、坚定"四个自信"、做到"两个维护"，坚持稳中求进工作总基调，坚持和加强党对教育工作的全面领导，全面贯彻党的教育方针，落实立德树人根本任务，以教育强国建设为目标，以全面提高人才自主培养质量为重点，加快建设高质量教育体系，办好人民满意的教育，开辟发展新领域新赛道，不断塑造发展新动能新优势，为实施科教兴国战略、强化现代化建设人才支撑奠定坚实基础，为全面建设社会主义现代化国家、全面推进中华民族伟大复兴作出新贡献。这对我国外语教育改革与创新发展提出了新定位和新要求。

中小学外语教材建设在党中央高度重视和全面指导下，呈现出稳步推进、高质量发展的态势。党的二十大报告强调加强教材建设和管理，以习近平新时代中国特色社会主义思想为主线，推动高质量教材体系建设。在这一背景下，中小学外语教材作为国家基础教育资源的重要组成部分，其修订、出版、使用及教师培训等方面均取得了显著进展。教育部及相关部门出台了一系列政策文件，为外语教材的发展提供了坚实的政策保障。这些政策不仅强调教材的育人功能，还注重教材内容的科学性、时代性和规范性，确保教材质量不断提升。同时，随着数字技术的快速发展，数字教材逐渐成为外语教材发展的新趋势，为教育现代化注入了新的活力。

职业院校外语教材建设在党和国家的高度重视下，取得了显著进展。这一年，随着党的二十大精神在教育领域的深入贯彻，职业院校外语教材建设迎来了新的发展机遇。教育部及相关部门出台了一系列政策文件，为职业院校外语教材的编写、修订、出版和使用提供了明确指导和有力支持。从宏观来看，职业院校外语教材建设的整体概况如下。

政策引导力度加大。 教育部办公厅发布了《关于开展课程实施与教材使用监测工作的通知》和《关于加快推进现代职业教育体系建设改革重点任务的通知》，明确了职业院校教材使用监测工作方案和职业教育优质教材建设计划，为职业院校外语教材建设指明了方向。

育人目标更加明确。 职业院校外语教材全面贯彻党的二十大精神，落实立德树人根本任务，注重培养学生的核心素养和综合能力，特别是职场涉外沟通能力、多元文化交流能力和自主学习能力。

教材内容持续更新。 根据新修订的课程标准和行业需求，职业院校外语教材不断融入新思想、新理念和新知识，确保教材内容的时代性和科学性。

数字化趋势加速。 随着教育数字化转型的推进，职业院校外语教材数字化建设步伐加快，纸数融合成为新趋势，为教师和学生提供了更加便捷、高效的学习工具。

高等学校英语教材建设在全面贯彻习近平新时代中国特色社会主义思想和党的二十大精神指导下，呈现出稳健发展、创新突破的良好态势。教育部及相关部门出台了一系列政策文件，为高校英语教材的编写、修订、出版和使用提供了明确的方向和有力的支持。这一年，高等学校英语教材建设紧密围绕立德树人根本任务，服务国家发展战略和学生成才需要，体现了外语学科与高等教育融合发展的新要求。从宏观来看，高等学校英语教材建设的整体概况如下。

政策引领与规划明确。 教育部通过全国教育工作会议等重要会议，强调以习近平新时代中国特色社会主义思想为指导，深入贯彻党的二十大精神，推动高等教育高质量发展。同时，教育部发布了一系列关于教材建设、课程改革、教师队伍建设等方面的政策文件，为高等学校英语教材建设提供了宏观指导和具体规划。

立德树人贯穿始终。 高等学校英语教材在编写和修订过程中，始终坚持立德树人根本任务，注重将思想政治教育融入外语教学，通过教材内容传递中国立场、中国智慧和中国价值，实现培根铸魂、启智润心的教育目标。

课程思政与学科融合。 随着"课程思政"的深入实施，高等学校英语教材建设更加注重将思政元素有机融入专业课程，推动外语教育与思政教育深度融合，实现知识传授与价值引领的统一。

数字化转型加速推进。 教育数字化转型成为高等学校英语教材建设的重要趋势。高等学校依托数字技术，推动纸数融合、智慧教育平台建设等，为师生提供更加便捷、高效的教学工具和学习资源。

高等学校多语言教材建设在全球化背景下取得了显著进展，服务于推广中国文化、传播中国智慧、展示中国立场的重要目标。教育部及相关部门通过一系列政策文件和会议，为高等学校多语言教材的编写、修订、出版和使用提供了明确的指导和支持。这一年，高等学校多语言教材建设紧密围绕立德树人根本任务，全面推进习近平新时代中国特色社会主义思想和党的二十大精神进教材、进课堂、进头脑（以下简称"三进"），为构筑教育强国、人才强国奠定了坚实基础。从宏观来看，高等学校多语言教材建设的整体概况如下。

政策引领与规划部署。 教育部通过全国教育工作会议、世界数字教育大会等重要会议，明确了高等学校多语言教材建设的发展方向和重点任务。

同时，教育部发布了多项关于教材建设、课程改革、教师队伍建设等方面的政策文件，为高等学校多语言教材建设提供了宏观指导和具体规划。

价值引领与思政教育。 高等学校多语言教材在编写过程中，注重强化价值引领，将中国立场、中国智慧、中国价值融入教材内容，通过外语教学培养学生的道德情操和思想品质，帮助学生形成正确的世界观、人生观、价值观。

数字化转型与资源创新。 随着教育数字化的深入发展，高等学校多语言教材建设积极推进数字化转型，依托数字技术和教学管理平台，推出一系列新形态外语教材和学习工具，丰富了教学资源，提升了教学的有效性和趣味性。

多语种教材体系构建。 高等学校多语言教材建设注重构建完善的多语种教材体系，涵盖了俄语、德语、法语、日语、西班牙语等多个语种，满足了不同专业、不同层次学生的学习需求。

由于国内外多方面因素，国际中文教材建设在全球化背景下呈现出蓬勃发展的态势。一方面，随着中国综合国力的提升和国际地位的提高，越来越多的国家和地区将中文纳入国民教育体系，中文学习需求持续增长。另一方面，共建"一带一路"倡议的深入实施和全球文明倡议的提出，为国际中文教育提供了广阔的发展空间。在这一宏观形势下，国际中文教材建设迎来了前所未有的发展机遇。为了顺应这一形势，中国教育部中外语言交流合作中心（以下简称"中外语言交流中心"）等政府机构、非政府组织、出版机构和教育企业等多元主体积极投入，共同推动国际中文教材及教学资源的规范化、体系化、规模化建设。通过加强政策引导、资金投入和资源配置，国际中文教材建设取得了显著成效，为全球中文教育的发展奠定了坚实基础。从宏观来看，国际中文教材建设的整体概况如下。

政策支持与战略规划。 中国政府高度重视国际中文教育事业，通过一系列政策文件和战略规划，为国际中文教材建设提供了有力保障。例如，中外语言交流中心梳理了 2023 年国际中文教育领域的重要新闻事件，包括推动中文进入国民教育体系、举办世界中文大会等，为国际中文教材的开发和推广提供了广阔舞台。

市场需求持续增长。 随着全球范围内中文学习需求的激增，国际中文教材的市场需求也持续增长。特别是在共建"一带一路"倡议的推动下，共建国家和地区对中文教材的需求尤为迫切。这种市场需求的增长为国际中文教材建设注入了强大动力。

技术创新与数字化发展。 随着信息技术的快速发展，数字化、智能化成为国际中文教材建设的新趋势。各出版机构和教育企业积极探索新形态教材的开发和应用，推动国际中文教材向更加数字化、智能化的方向发展。

国际合作与交流。 国际中文教材建设离不开国际合作与交流。中国与世界各国在中文教育领域的合作不断加深，共同推动国际中文教材的研发和推广。这种国际合作与交流不仅有助于提升国际中文教材的质量和水平，也有助于扩大中文教育的国际影响力。

在国家重大战略需求和人才培养目标的推动下，外语教材研究迎来了新的发展机遇。外语教材作为教育教学的重要载体，其质量和创新直接影响外语教育的发展水平。2023年度，外语教材研究在期刊论文、科研项目、会议交流等多个方面均取得了显著进展，形成了较为完善的研究体系。从宏观来看，外语教材研究的整体概况如下。

政策支持与导向明确。 国家在政策层面高度重视外语教材建设，提出了一系列战略目标和要求，如服务国家重大战略、构建中国特色高质量教材体系等。这些政策导向为外语教材研究提供了明确的方向和强大的动力。

研究主题多样化。 外语教材研究涵盖了教材分析、教材建设、教材编写、教材使用、教材评估、教材研究综述以及与教材相关的教师发展等多个方面。这些研究主题相互关联、相互促进，共同推动外语教材研究的深入发展。

研究方法科学化。 随着研究方法的不断进步，外语教材研究更加注重科学性和实证性。研究者们采用内容分析法、语料库方法、质性研究等多种研究方法,对外语教材进行深入剖析和评价,不断提高研究成果的可信度和应用价值。

研究主体多元化。外语教材研究的主体不仅包括高校学者和教育工作者,还吸引了出版机构、教育企业等多方参与。多元化的研究主体有助于形成合力,共同推动外语教材研究的繁荣发展。

1.2　2023 年我国外语教材发展的突出特点

2023 年,基于上述宏观发展形势和相关政策支持与引导,我国外语教材建设与创新发展呈现出多个特点。在中小学外语教材领域,其发展呈现出如下四个主要特点。1)**高度重视思想政治教育。**2023 年的中小学外语教材发展特别强调将思想政治教育融入教材。无论是义务教育阶段的英语教材,还是高中阶段的英语教材,乃至多语言教材,都注重通过教材内容传递社会主义核心价值观,引导学生树立正确的世界观、人生观和价值观。这一特点体现了国家对青少年思想政治教育的高度重视。2)**注重教材内容的时代性和科学性。**随着社会的快速发展,教材内容也需要不断更新以适应时代需求。2023 年的外语教材在修订过程中,紧密结合新时代的发展要求,注重内容的时代性和科学性。例如,在教材中融入党的二十大精神、爱国主义教育等内容,使教材更加贴近学生生活和社会实际。3)**推动教材数字化建设。**数字教材作为基础教育资源的新形态,在 2023 年得到了快速发展。多项国家标准的出台为数字教材的研发、出版、审核提供了规范指导,使得数字教材的质量得到了显著提升。同时,各大教材出版机构也积极开发数字化教学资源,为教师和学生提供更加便捷、高效的学习工具。4)**加强教师培训与支持。**教师作为教材使用的重要主体,其专业素养和教学能力直接影响教材的实施效果。2023 年,全国各大外语教材出版机构通过线上线下相结合的方式,开展了大量的教师培训活动。这些培训不仅帮助教师准确理解新课程标准的教育理念和基本要求，还提高了教师的教学能力和评价技巧，为外语教材的高质量应用提供了有力支持。

在职业院校外语教材领域，发展特点主要包括如下五个方面。1）**注重思想政治引领**。职业院校外语教材在编写和修订过程中，特别注重融入思想政治教育，通过教材内容传递社会主义核心价值观，引导学生树立正确的世界观、人生观和价值观。2）**紧扣行业标准需求**。职业院校外语教材紧密对接行业标准和市场需求，注重培养学生的职场沟通能力和实际应用能力。例如，教材中融入了大量职业场景和典型工作任务，帮助学生更好地适应未来职场需求。3）**创新教材编写理念**。职业院校外语教材在编写过程中，积极探索和应用新的外语教育理论和方法，如"产出导向法"等，创新教材编写理念和教学流程，提高教学效果和学习效率。4）**加强多语言教材建设**。除了英语教材外，职业院校还加大了多语言教材的建设力度，如日语、俄语等，以满足不同专业和学生的需求。5）**推动教材数字化发展**。职业院校外语教材数字化建设加速推进，数字教材、在线课程、虚拟仿真教学资源等不断涌现，为师生提供了更加丰富多样的学习方式和手段。

高等学校英语教材创新发展的突出特点主要包括如下四个方面。1）**价值引领与内容创新**。高等学校英语教材在编写过程中，注重强化价值引领，将党的二十大精神、社会主义核心价值观等关键议题融入教材内容，同时通过更新选文素材、优化板块结构等方式，实现内容创新，提升教材的吸引力和感染力。2）**因材施教与分类培养**。针对不同类型院校、不同学段和不同专业的学生需求，高等学校英语教材设计更加科学，体现了因材施教的原则。同时，注重分类培养，推出适合不同学科领域和职场需求的专门用途英语教材。3）**形态创新与数智赋能**。随着教育数字化转型的加速推进，高等学校英语教材形态不断创新，纸数融合成为新趋势。数字教材、在线课程、虚拟仿真教学资源等不断涌现，为师生提供了更加丰富多样的学习方式和手段。4）**服务"四新"建设与高质量教育体系**。高等学校英语教材建设紧密对接"新工科、新医科、新农科、新文科"建设需求，推动外语教育与专业教育深度融合,为构建高质量教育体系提供有力支撑。

在高等学校多语言教材领域,发展的突出特点包括四个方面。1)**价值导向与内容更新**。高等学校多语言教材在编写过程中,始终坚持以价值导向为核心,将党的二十大精神、社会主义核心价值观等关键议题融入教材内容,同时注重更新选文素材、优化板块结构,使教材内容更加贴近时代、贴近生活、贴近学生。2)**语种多样与体系完善**。高等学校多语言教材建设覆盖了多个语种,形成了较为完善的多语种教材体系。各语种教材在编写过程中,注重结合各自的语言特点和教学需求,体现了因材施教、分类培养的原则。3)**数字化转型与纸数融合**。高等学校多语言教材建设积极推进数字化转型,纸数融合成为新趋势。通过数字教材、在线课程、虚拟仿真教学资源等多种形式,实现了教学资源的数字化、智能化、互动化,提升了教学效果和学习体验。4)**服务国家战略与区域需求**。高等学校多语言教材建设紧密对接国家战略和区域经济社会发展需求,推出了一批符合时代要求和行业需求的专门用途外语教材,为培养具有国际视野的高素质外语人才提供了有力支撑。

在国际中文教材建设领域,发展的突出特点包括四个方面。1)**政策支持力度加大**。2023年,中国政府继续加大对国际中文教材建设的政策支持力度。习近平总书记在全球文明倡议中强调尊重世界文明多样性、弘扬全人类共同价值等理念,为国际中文教育提供了重要指导。同时,中外语言交流中心等部门发布了一系列政策措施,如《国际中文教材评价标准》《职业中文能力等级标准》等,为国际中文教材建设提供了规范依据和标准指引。2)**市场需求导向明显**。国际中文教材建设紧密围绕市场需求展开,针对不同国家和地区、不同学习阶段和水平的学习者需求,推出了一系列针对性强、实用性高的教材产品。例如,针对海外中小学生的需求,推出了"手拉手""你真棒"等系列教材;针对职业中文学习需求,推出了"工业汉语""旅游汉语"等专门用途教材。这些教材产品受到了广泛欢迎,有效满足了全球中文学习者的多样化需求。3)**数字化、智能**

化趋势加速。随着信息技术的快速发展,数字化、智能化成为国际中文教材建设的重要趋势。各出版机构纷纷推出新形态教材、网络课程和数字应用等数字化教学资源,通过多媒体、互动式教学等手段提升教学效果和学习体验。例如,外语教学与研究出版社(以下简称"外研社")推出了基于 VR 技术的《体验汉语 VR 视听说教程》,为学习者提供沉浸式的语言学习体验;高等教育出版社(以下简称"高教社")发布了《国际中文教育中文水平等级标准》配套的数字资源平台,实现教学资源的一站式获取和管理。4)**国际合作不断深化。**国际中文教材建设积极寻求国际合作与交流,通过联合研发、共同推广等方式提升教材的国际影响力和竞争力。例如,中外语言交流中心与世界汉语教学学会等国际组织合作举办国际中文大会等活动,邀请国内外专家学者共同探讨国际中文教育的发展路径和教材建设策略;各出版机构与海外出版机构合作推出本土化教材产品,满足当地学习者的实际需求和文化背景。

2023 年,外语教材研究的突出特点包括四个方面。1)**课程思政与外语教材深度融合。**课程思政成为外语教材研究的重要议题之一。研究者们关注如何在外语教材中融入思政元素,培养学生的跨文化沟通能力和家国情怀。这种融合不仅丰富了外语教材的内涵,也提升了外语教育的育人功能。2)**新形态外语教材研究兴起。**随着信息技术的快速发展,新形态外语教材成为研究热点。研究者们探讨如何利用数字化、智能化技术提升外语教材的交互性和实用性,满足学生个性化学习的需求。这些研究为新形态外语教材的研发和应用提供了有力支持。3)**教师发展与教材研究相互促进。**外语教材研究越来越注重教师发展问题。研究者们关注教师在教材编写和使用过程中的角色和作用,探讨如何通过教材研究提升教师的专业素养和教学能力。这种相互促进的关系有助于形成良性循环,推动外语教育质量的整体提升。4)**全球视野与本土实践相结合。**外语教材研究既关注国际前沿动态,又注重本土实践经验的总结和提炼。研究者们通过比较和分析不同国家和地区的外语教材建设经验,为我国外语教材建设提供有益借鉴。同时，他们也注重结合我国外语教育的实际情况，提出具有针对性的改进建议。

1.3 2023年我国外语教材发展的主要成就

2023年，中小学外语教材建设的主要成就体现在四个方面。1）**教材修订工作全面完成**。按照教育部统一部署，2023年义务教育各学科教材修订工作全面完成。各教材出版机构在深入研读新课程标准的基础上，对教材进行了全面修订和完善，确保了教材内容的科学性和时代性。同时，高中英语教材也根据新课程标准进行了相应修订，为新课程的实施提供了有力保障。2）**多语言教材建设取得新进展**。在推进英语教材建设的同时，2023年还加大了多语言教材的建设力度。教育部制定并印发了新修订的义务教育俄语和日语课程标准，为相关教材的编写和修订提供了指导。各出版机构积极响应号召，推出了一系列优质的多语言教材，满足了不同地区和学校的需求。3）**数字教材研发取得突破**。随着数字技术的快速发展，2023年数字教材的研发取得了显著突破。多项国家标准的出台为数字教材的研发提供了规范指导，使得数字教材的质量得到了显著提升。同时，各大教材出版机构也积极开发数字化教学资源，为教师和学生提供了更加丰富多样的学习工具。4）**教师培训效果显著**。通过一系列有针对性的教师培训活动，2023年义务教育阶段和高中阶段外语教师的专业素养和教学能力得到了显著提升。教师不仅更加准确地理解了新课程标准的教育理念和要求，还掌握了更加有效的教学方法和评价技巧，为外语教材的高质量实施奠定了坚实基础。

职业院校外语教材建设的主要成就体现在四个方面。1）**教材体系更加完善**。职业院校外语教材体系更加完善，涵盖了中职、高职、职业本科等多个层次和多个语种，为不同专业和学生提供了更加全面、系统的学习资源。2）**优质教材不断涌现**。在教育部和各出版机构的共同努力下，一批优质职业院校外语教材脱颖而出，这些教材在内容质量、编写理念、教学资源等方面均达到较高水平，受到师生的广泛好评。3）**教师培训效果显著**。通过一系列有针对性的教师培训活动，职业院校外语教师的专业素养和教学能力得到了显著提升。教师更加深入地理解了新课程标准的教育理念和要求，提升了应用新课程标准进行有效教学设计和评价的能力。4）**教学改革成果丰硕**。在职业院校外语教材建设的推动下，职业院校外语教学改革取得了丰硕成果。教师们积极探索和实践新的教学模式和方法，如项目式学习、翻转课堂等，提高了学生的学习兴趣和参与度，提升了教学效果和学习质量。

高等学校英语教材建设的主要成就体现在四个方面。1）**教材体系更加完善**。经过一年的努力，高等学校英语教材体系更加完善，涵盖了通用英语、专业英语、跨文化交际、数字教材等多个领域和层次，为不同专业和学生提供了更加全面、系统的学习资源。2）**优质教材层出不穷**。在教育部和各出版机构的共同努力下，一批优质高等学校英语教材脱颖而出。这些教材在内容质量、编写理念、教学资源等方面均达到较高水平，受到师生的广泛好评。3）**教师培训效果显著**。通过举办全国性教师培训项目、虚拟教研室、教材编写与使用讲座等多种形式的培训活动，高等学校英语教师的专业素养和教学能力得到了显著提升。教师们更加准确地理解了新课程标准的教育理念和要求，掌握了更加有效的教学方法和评价技巧。4）**教学改革与实践探索**。在高等学校英语教材建设的推动下，各高校积极开展教学改革与实践探索。通过引入新的教学理念和方法，增强了学生的学习参与度和投入度，提升了育人质量。

高等学校多语言教材建设的主要成就体现在四个方面。1）**多语种教材体系更加完善**。高等学校多语言教材体系更加完善，涵盖了多个语种和多个层次，为不同专业、不同层次的学生提供了更加丰富多样的学习资源。2）**优质教材不断涌现**。一批优质高等学校多语言教材出版。这些教材引入先进的教学理念，选用具有时代性、前沿性的学习内容，配备丰富的教学资源，助力教学质量的提升。3）**教师培训与师资建设**。通过举办全国性教师培训项目、虚拟教研室等多种形式的活动，高等学校多语言教师的专业素养和教学能力得到了显著提升。同时，加强了对新入职教师的培训和指导，为高校多语言教师队伍建设提供了有力保障。4）**教学改革与实践探索**。高等学校多语言教材建设推动了教学改革的深入发展。各高校积极探索新的教学理念和方法，提升了教学效果和学习质量。

国际中文教材建设的主要成就体现在四个方面。1）**教材体系不断完善**。国际中文教材体系不断完善，形成了涵盖基础教材、专门用途教材、数字化教材等多层次的教材体系。这些教材产品覆盖了从幼儿园到大学各学段的学习者需求，为全球中文教育提供了全面、系统的教学资源支持。2）**教学质量显著提升**。通过加强教材建设和教学资源配置，国际中文教学质量显著提升。一方面，新教材的推出和旧教材的修订完善使得教学内容更加科学、合理；另一方面，数字化教学资源的广泛应用使得教学方式更加灵活、多样。这些措施有效提升了学习者的学习兴趣和效果，促进了全球中文教育的发展。3）**国际影响力显著增强**。随着国际中文教材建设的不断推进，中国在全球中文教育领域的国际影响力显著增强。越来越多的国家和地区将中文纳入国民教育体系或开设中文课程；越来越多的海外学习者选择学习中文并了解中国文化；越来越多的国际组织和企业将中文作为官方语言或工作语言。这些变化充分展示了中国在全球中文教育领域的领导地位和国际影响力。4）**人才培养成果丰硕**。国际中文教材建设不仅促进了全球中文教育的发展，还为人才培养工作提供了有力支持。通过推广使用优秀的中文教材和教学资源，培养了一大批具备良好中文能力和跨文化交际能力的人才。这些人才在国际交流、经贸合作、文化传播等领域发挥着重要作用，为推动构建人类命运共同体贡献了中国智慧和力量。

外语教材研究的主要成就主要体现在如下四个方面。1）**研究成果丰硕**。本年度，外语教材研究领域发表了大量高质量的期刊论文和科研项目报告。这些成果不仅丰富了外语教材研究的理论体系，也为外语教育实践提供了有力支持。2）**研究队伍壮大**。随着外语教材研究的深入发展，越来越多的学者和教育工作者加入研究队伍。他们来自不同的学科背景和专业领域，为外语教材研究注入了新的活力和思路。3）**教材质量提升**。在外语教材研究的推动下，我国外语教材的质量得到了显著提升。教材的内容更加丰富，结构更加合理，教学方法更加科学有效。这些改进不仅提高了学生的学习效果，也促进了外语教育质量的整体提升。4）**国际合作与交流加强**。外语教材研究领域的国际合作与交流不断加强。我国学者积极参与国际学术会议和论坛，与国际同行分享研究成果和实践经验。这种交流与合作有助于拓宽研究视野、提升研究水平。

1.4 我国外语教材发展展望

立足新起点，面临新形势、新要求、新挑战，我国外语教材建设应以更高的政治站位落实教材建设国家事权，深入实施教材建设和管理行动，把握正确政治方向和价值导向，进一步提升教材质量，增强育人功能，加快推进中国特色高质量外语教材体系建设。

持续加强政策引导，把牢教材建设方向，提高教材管理效能。紧扣用习近平新时代中国特色社会主义思想铸魂育人主题主线，深入推进习近平新时代中国特色社会主义思想和党的二十大精神进课程教材。整体提高大中小学外语教材质量，推动教材内容与时代发展同步更新换代，适应全球化和信息化时代的需求。在基础教育领域，进一步强化义务教育外语类国家课程教材的编写修订，落实国家课程标准；在职业教育领域，建设现代职业教育产教融合优质教材，培养高素质、高层次技术技能人才；在高等教育领域，建设支撑高等教育人才自主培养的系列教材，助力实战型拔尖创新人才培养。在教材管理方面，落实部门、地方、学校、出版单位职责分工，建立健全教材管理制度，强化教材建设全过程监管。同时，加强教材建设和管理培训，举办面向教材编写人员、审核人员、研究人员等专题培训班，全面提升教材工作队伍质量。

深入推进数字化转型，推动教材形态变革，赋能教学改革创新。 推进教育数字化是建设教育强国的重要内容，也是大中小学教材建设的必然趋势。教材数字化转型是教材建设工作的重要组成部分，它不仅是教材形态的迭代，而且是课程教学改革和育人方式变革的重要推动力。要进一步加大数字化教材及教学资源建设力度，推动外语教材与数字化技术的深度融合发展，发挥新兴技术的赋能优势，结合外语教与学的特点，利用大数据、人工智能等先进技术提升外语数字教材的建设质量以及外语教学效果和学习体验。同时，应进一步规范数字教材建设和管理的相关制度，为数字教材研发、使用、评估等提供制度规约和保障。

完善教师培训体系，加强教师队伍建设，提升人才培养质量。 要进一步加大外语教师培训体系建设力度，提升教师的专业素养和实践教学能力。通过线上线下相结合等多种方式开展培训活动，确保新教材的有效应用。面临教材数字化转型的发展趋势，应特别注重提升外语教师的数字素养，包括引导教师充分认识数字教材对于推动育人方式变革的重要意义，积极主动地尝试应用数字教材；加强数字教材应用培训，以优秀的实践案例作为引领示范，并鼓励教师积极参与数字教材的编写，并在教学实践中积极开展数字教材应用的相关教学研究，从而提升教师的数字教材应用能力，提高育人成效。

持续加大研究力度，把握教材建设规律，强化咨询指导服务。 教材研究是高质量教材建设与管理的重要支撑。要加大外语教材研究力度和投入力度，进一步拓展外语教材研究视角和方法路径。充分发挥国家教材建设重点研究基地的引领作用，重点开展中国特色外语教材建设的重大理论与实践问题研究、"三进"教材编写与使用研究、产教融合教材建设研究、新形态外语教材研究、中外外语教材比较研究等。通过教材研究，提升对外语教材建设与管理的规律性认识,探索构建中国特色的教材研究理论体系、学术体系、话语体系,提高教材研究支撑作用和决策咨询服务水平,形成理论研究和实践探索相结合的教材建设新局面。

  2024年是全面贯彻落实党的二十大精神、加快推进教育强国建设的关键之年。落实教材建设国家事权,加强教材建设和管理,是推进实施科教兴国战略、人才强国战略、创新驱动发展战略的基础性、战略性工程。我国外语教材建设要服务国家重大战略和人才培养需求,为加快建设教育强国、推进中华民族伟大复兴作出新的更大贡献。

第二章 中小学外语教材建设

党的二十大报告强调加强教材建设和管理，凸显了党中央对这一工作的高度重视。教育体系要贯彻党的二十大精神，以习近平新时代中国特色社会主义思想为主线，以推进高质量教材建设和管理为主题。深入推进习近平新时代中国特色社会主义思想进课程教材是课程教材工作的主线，需要解决不同学段、不同学科课程教材"进什么、怎么进、进到哪"的问题。要遵循不同学段认知发展规律。小学阶段以启蒙引导为主，培养学生爱党爱国爱社会主义的思想基础。初中阶段注重感性体验和知识学习相结合，促进学生形成基本政治判断和政治观点。高中阶段强调实践体认和理论学习相结合，促进理性认同，提高政治素质。

关于义务教育新教材修订，2023年有以下举措。为全面提升义务教育各学科国家课程教材质量，义务教育各学科教材修订工作已于2022年全面启动。2023年继续依据《义务教育国家课程教材编写修订规范（试行）》，进一步强化教材编写修订的全过程管理，压实编写出版单位主体责任，强化教材编修质量内控机制。在教材监管方面，进一步严格制度规范、完善工作机制、强化全程监管，推动教材质量不断提升。首先，为确保教材质量，采取源头管理措施。对教材编写单位、编写人员等进行严格前置审核，实现关口前移。通过编写指导培训，督促教材编写单位遵守规范，确保编写源头的质量。完善教材日常修订制度，明确及时修订的具体情形和要求，鼓励常规更新教材。其次，完善教材审核机制。修订中小学国家课程教材审核工作规则，印发学科审核要点，优化专家委员会结构，设立学科专委会，充实审核专家库。推动地方、高等院校和教材出版单位建立健全教材审核机制，提升审核专业水平。建立常态化教材审核重点抽查制度，以确保审核过程的科学性和公正性。最后，健全国家和地方教材质量监测体系。督促教材编写出版单位建立教材使用跟踪、意见收集处理、周期自查整改机制，做好教材意见收集和处理工作，确保教材在实际运用中的有效性。

2.1 中小学外语教材相关政策

2023 年 1 月，全国教育工作会议在北京召开。会议强调了中国特色社会主义教育事业的重要性，并提出了办好人民满意的教育发展战略，包括坚持和加强党对教育工作的全面领导，全面贯彻党的教育方针，落实立德树人根本任务，以教育强国建设为目标，以全面提高人才自主培养质量为重点，加快建设高质量教育体系。会议指出，要深入推动习近平新时代中国特色社会主义思想和党的二十大精神进教材、进课堂、进头脑，推动立德树人根本任务取得新的重要进展，加快建立健全促进学生身心健康、全面发展的长效机制。要持续办好更加公平、更高质量的基础教育。义务教育突出"优质均衡"，继续把"双减"摆在突出位置来抓。

2 月，主题为"数字变革与教育未来"的世界数字教育大会在北京举办，旨在推动我国教育数字化工作取得新进展，为世界数字教育发展注入新动能。会议重点探讨教育数字化转型、数字学习资源开发与应用、师生数字素养提升、教育数字化治理，以及基础教育、职业教育、高等教育等领域的数字化发展评估。会上还发布了《中国智慧教育蓝皮书（2022）》与 2022 年中国智慧教育发展指数报告。作为大会的重要议程，"数字化赋能基础教育高质量发展"平行论坛在 14 日以"现场+云端"的方式进行。教育部副部长王嘉毅指出，中国政府高度重视基础教育数字化，注重发挥数字技术对基础教育的引领、推动作用，将数字化与基础教育改革发展同谋划、同部署、同推进，数字化基本建设实现全面覆盖，大规模应用实效明显，为基础教育高质量发展注入强大动力。

3月，第十四届全国人民代表大会召开，审议并表决通过了关于2023年国务院政府工作报告的决议。政府工作报告回顾了五年来教育改革发展的成就，并对2023年的教育工作提出建议，即加快建设高质量教育体系，推进义务教育优质均衡发展和城乡一体化，推进学前教育、特殊教育普惠发展，大力发展职业教育，推进高等教育创新，支持中西部地区高校发展，深化体教融合。

4月，教育部办公厅印发《2023年中小学教学用书目录》，对义务教育国家课程和普通高中国家课程的教学用书作出规定，并提出以下要求：中小学教材中不得夹带任何商业广告或教学辅助资料的链接网址、二维码等信息；各地可根据本地实际和学生需求购买配套数字音像材料，鼓励教材出版单位采用互联网下载的方式免费提供。

5月，教育部发布《关于加强中小学地方课程和校本课程建设与管理的意见》。意见指出要以习近平新时代中国特色社会主义思想为指导，坚持为党育人、为国育才，发展社会主义先进文化、弘扬革命文化、传承中华优秀传统文化，落实有理想、有本领、有担当的时代新人培养目标，遵循教育教学规律和学生成长规律，把培育和践行社会主义核心价值观融入课程建设全过程，强化课程管理，激发地方和学校课程建设活力，构建以国家课程为主体、地方课程和校本课程为重要拓展和有益补充的基础教育课程体系，增强课程适应性，实现课程全面育人、高质量育人。在课程开发方面，校本课程原则上不编写出版教材，确需编写出版的应报教育行政主管部门备案；鼓励开发运用多形态课程资源。在课程审议审核方面，坚持"凡设必审""凡用必审"原则。依据《中小学教材管理办法》等有关规定，重点从思想性、科学性、时代性、规范性、协同性等方面加强审核，提高建设质量。

5月，教育部印发《基础教育课程教学改革深化行动方案》。以习近平新时代中国特色社会主义思想为指导，坚持为党育人、为国育才，全面贯彻党的教育方针，落实立德树人根本任务，发展素质教育，促进教育公平。深化课程教学改革，加强机制创新，指导、发动各地和学校深化育人关键环节和重点领域改革，更新教育理念，转变育人方式，坚决扭转片面应试教育倾向，切实提高育人水平，促进学生德智体美劳全面发展。该通知要求，在课程实施过程中，要切实加强国家课程方案向地方、学校课程实施规划的转化工作。

7月，教育部、国家发展改革委、财政部联合发布《关于实施新时代基础教育扩优提质行动计划的意见》。行动计划提出要构建"大思政课"体系，将课程思政有机融入各学科教学。全面落实义务教育、普通高中课程方案和课程标准。完善教师培养培训体系。提升国家中小学智慧教育平台建设应用水平。丰富平台优质资源，统筹建设覆盖德智体美劳各方面的数字资源，课程教学资源实现覆盖所有教育部审定教材版本。推进质量评价改革。依据学前教育、义务教育、普通高中、特殊教育四个质量评价指南，建设学校质量自评系统，推动学校和幼儿园对标研判、依标整改；推动地方制定完善质量评价实施方案，有序推进质量评价督导评估工作。完善学生综合素质评价体系，增强评价真实性、科学性、有效性。

9月，教育部、国家民委、共青团中央在云南昆明召开学校铸牢中华民族共同体意识教育工作推进会。会议对各项重点任务作出部署。一是把党的领导贯穿教育全过程，把增进共同性作为前提和方向，遵循教育规律和学生成长规律，既面向民族地区也面向其他地区普遍开展，与大中小学思政教育一体化有机融合。二是充分发挥课堂教学的固本强基作用，纳入各级各类学校教学计划，系统构建课程体系，创新教学方法；发挥实践活动的引导激励作用，依托各类育人基地，开展主题教育活动，促进各族师生交往交流交融；发挥文化环境的隐性润育作用，立体呈现意蕴厚重、内涵丰富、共有共享的中华文化符号和形象,全面加强校园文化环境建设;发挥网络育人的最大增量作用,通过同步课堂、双师讲堂等推动各族学生"同上一堂课、同唱一首歌、同读一本书";发挥广大教师的立教之本作用,大力弘扬教育家精神,深化思想认识,增强育人能力。三是深入贯彻落实《教育部等十一部门关于加强学校铸牢中华民族共同体意识教育的指导意见》,加强组织领导,强化统筹协调,完善体制机制,防范化解风险,构建学校、家庭、社会协同育人格局,以踏石留印、抓铁有痕的作风扎实推动各项任务落地见效。

10月,第十四届全国人民代表大会常务委员会第六次会议通过《中华人民共和国爱国主义教育法》。其中第二章第十五条内容如下:国家将爱国主义教育纳入国民教育体系。各级各类学校应当将爱国主义教育贯穿学校教育全过程,办好、讲好思想政治理论课,并将爱国主义教育内容融入各类学科和教材中。各级各类学校和其他教育机构应当按照国家规定建立爱国主义教育相关课程联动机制,针对各年龄段学生特点,确定爱国主义教育的重点内容,采取丰富适宜的教学方式,增强爱国主义教育的针对性、系统性和亲和力、感染力。

2023年国家出台的基础教育相关政策并未专门针对外语学科,但其中均包含对外语学科的要求。总体来讲,其特点主要包括:更加关注学生的全面发展和综合评价、优秀教师队伍建设、教育资源数字化建设以及思想政治和爱国主义在教育全过程的融入。

2.2　中小学外语教材出版概况

2.2.1　义务教育英语教材

1)　在用版教材及使用情况

2023年,我国义务教育阶段依然使用2012年修订后出版的小学和初中英语教材。义务教育国家课程各学科使用《2023年义务教育国家课程教学用书目录》中的教材。教育部教材局公布的《2023年义务教育国家课程教学用书目录》中共有29套通过教育部审定的小学英语教材（含"五四"学制小学教材3套）和10套通过教育部审定的初中英语教材（含"五四"学制初中教材2套）。

中小学教材建设重点是增强教材育人功能，提高社会主义核心价值观融入各学段教材的系统性，强化相关领域教材建设。落实重大主题教育进中小学课程教材，进一步增强课程教材育人功能，引导学生厚植文化底蕴、传承红色基因、打好中国底色、强化国家意识、增强"四个自信"。

各教材出版机构根据教育部课程教材研究所2021年印发的《关于开展中小学教材"回头看"审读工作的通知》，继续认真学习研究，并针对2023年春季使用的中小学教材进行了全面、认真的审读，召开审读评判会，形成了审读意见和修改计划，切实履行专项检查审读程序。

同时，各教材出版机构依据国家教材委员会办公室于2022年11月下发的《关于做好党的二十大精神进教材工作的通知》要求，继续积极探讨如何扎实推进党的二十大精神进中小学教材，如何选取合适的视角将讲道理和讲故事结合起来，提炼和升华容易使学生产生共鸣的思想、价值和情感，让理论变得更接地气、更易于感知，避免表面化、硬融入。各出版机构对2023年春季使用的教材进行了全面、认真的审读，并召开专项会，切实做好将党的二十大精神融入中小学教材的工作。

针对人民教育出版社（以下简称"人教社"）小学数学教材插图问题，教育部要求对《2023年中小学教学用书目录》上的国家课程教材封面、插图开展全面自查，形成自查报告；对于排查出问题的教材封面、插图，形成修改方案，确保教材坚持正确政治方向和价值导向，弘扬中华优秀文化，符合大众审美习惯。各出版机构积极安排部署，对基础学段教材进行排查，按时向教育部提交修订方案及教材全书文件，并根据批复意见完成春、秋两季教材的修订。

2) 义务教育教材修订情况

为落实新修订的义务教育课程方案和课程标准，2022 年 5 月，教育部教材局部署启动义务教育国家课程非统编教材修订工作，要求各教材出版机构于 2023 年 9 月 15 日前提交全套送审教材及相关材料。初审通过后，各教材编写出版单位对教材进行修改完善，开展试教试用。

各教材出版机构在研读《义务教育英语课程标准（2022 年版）》以及深入学习习近平总书记在党的二十届一中全会上的重要讲话精神的基础上，力求全面准确领会，为做好教材修订工作打好思想基础、提高认识水平，确保教材修订内容的方向性、科学性与权威性。

英语教材既是英语教学的主要内容和载体，也是对学生进行思想品德教育的重要媒介。教材作为学校教育教学、推进立德树人的关键要素，是国家意志和社会主义核心价值观的集中体现。各教材出版机构在深刻领悟"两个确立"的决定性意义、增强"四个意识"、坚定"四个自信"、做到"两个维护"的基础上，在教材中全面落实和体现党的二十大精神，加强对义务教育英语教材的整体设计，系统、全面梳理编写脉络，注重教材整体结构的稳定性。在编写与修订过程中，紧密结合英语学科特点，深入研究中小学国家课程教材"进什么、怎么进、进到哪"的问题，选择适当的融入点和融入方式，将党的二十大精神与学科教育充分地有机融合。另外，修订的内容尊重学生认知规律，针对不同学段学生的年龄特点，紧密联系学生思想、生活和学习实际，既紧扣党的二十大精神的核心要义，又注重讲故事、用实例，激发学生对编写与修订内容的共鸣，使党的二十大精神入脑入心，成为学生的思想和行动自觉。

2.2.2 高中英语教材

1) 在用版教材及使用情况

《2023 年普通高中国家课程教学用书目录（根据 2017 年版课程标准修

订)》和《2023年普通高中国家课程教学用书目录（根据2003年课程标准编写)》并行使用。按照《国务院办公厅关于新时代推进普通高中育人方式改革的指导意见》精神，实施新课程、使用新教材。2023年秋季学期起，普通高中依据 2003 年课标编写的高一、高二册次英语教材不再列入用书目录。使用新教材的普通高中，英语学科必修、选择性必修课程使用《2023年普通高中国家课程教学用书目录（根据2017年版课程标准修订)》中的教材；该用书目录中共有 8 套经过教育部审定的高中英语教材。

2) 高中英语教材修订情况

推进党的二十大精神进教材工作意义重大。教材是学校教育教学、立德树人的关键要素，也是国家意志和社会主义核心价值观的集中体现。各教材出版机构认真贯彻落实《中共中央关于认真学习宣传贯彻党的二十大精神的决定》，积极推动党的二十大精神进教材、进课堂、进头脑，及时全面准确地在中小学国家课程教材中落实党的二十大精神。

各教材出版机构将推进党的二十大精神进教材作为当前和今后一个时期的重要政治任务。为了实现这一目标，各教材出版机构迅速成立了专门工作组，组织教材相关专家、顾问、核心编者团队和教材编辑团队，认真学习党的二十大报告和党章，学习习近平总书记在党的二十届一中全会上的重要讲话精神，力求全面准确领会，为做好教材修订打好思想基础、提高认识水平，确保教材修订内容的准确性、权威性。各教材出版机构认真对标对表，加强整体设计和系统梳理，做到内容准确、思路清晰、重点突出，同时尊重学生的认知规律，紧密联系学生的思想、生活和学习实际。在结合外语学科自身特点的同时，选择适当的融入点和融入方式，合理安排和设计内容，避免简单贴标签。各教材出版机构制定了教材修订工作方案，明确了修订方向和内容，对2023年春季、秋季高中英语非统编教材进行修订并送审。

2.2.3 中学多语言教材

2022年4月,教育部制定并印发了《义务教育俄语课程标准(2022年版)》和《义务教育日语课程标准(2022年版)》。新修订的义务教育课程标准以习近平新时代中国特色社会主义思想为指导,落实立德树人根本任务,强调育人为本,依据"有理想、有本领、有担当"的时代新人培养要求,明确了义务教育阶段培养目标。2023年,各出版机构积极推进中学多语言教材的出版和修订工作。

在俄语教材方面,人教社启动义务教育《俄语》的修订工作。上海外语教育出版社(以下简称"外教社")出版《新高考俄语系列:新高考俄语:作文》。该书参考《普通高中俄语课程标准(2017年版2020年修订)》,以新高考改革理念为引领,旨在提高学生的写作技能。黑龙江大学出版社在初中教材方面出版了《中学俄语写作训练》。该书针对中学俄语写作教学设计多个主题,旨在帮助学生掌握写作要领和技巧,提高写作能力。在高中教材方面,黑龙江大学出版社出版了"高中俄语选择性必修:一课一练"系列丛书和《高中俄语新教材词汇全解》。后者对使用频率高、用法灵活多变的重点词汇进行详细解释和辨析,满足中学俄语教学和复习备考的需求。

在日语教材方面,人教社启动义务教育《日语》的修订工作。华东理工大学出版社出版了《中学生日语进阶篇》,内容承接2022年出版的《中学生日语》,以具有一定日语基础且有继续学习意愿的中学生为对象,围绕中学生熟悉的话题和场景展开。该教材为中学开设日语作为"第二外语"选修课程的学校提供了参考。

在德语教材方面,为满足德语学习者对原版教材的需求以及应对德语学习者低龄化的趋势,2023年,外研社继续推出"你好!德语(视频版)"和"少儿德语"系列教材;外教社不仅推出了面向中学德语学习者的基础教材《新启航德语C2》和《新启航德语C3》,还引进出版了青少年德语教材《快乐德语(第2版)》。

表2.1 2023年中学多语言教材出版一览表

课程类型	教材名称	主编	出版社	出版时间
初中俄语课程	中学俄语写作训练	李昊天、王有和	黑龙江大学出版社	2023年5月
高中俄语课程	新高考俄语系列：新高考俄语：作文	汪隽	上海外语教育出版社	2023年3月
高中俄语课程	高中俄语选择性必修一：一课一练	张彦华	黑龙江大学出版社	2023年3月
高中俄语课程	高中俄语选择性必修二：一课一练	张发芹	黑龙江大学出版社	2023年3月
高中俄语课程	高中俄语选择性必修三：一课一练	陈春秋	黑龙江大学出版社	2023年3月
高中俄语课程	高中俄语选择性必修四：一课一练	苏楠	黑龙江大学出版社	2023年3月
高中俄语课程	高中俄语新教材词汇全解	李伟、付朝霞	黑龙江大学出版社	2023年7月
高中日语课程	中学生日语进阶篇	王宇辉、郭侃亮	华东理工大学出版社	2023年7月
德语二外、兴趣课程	"你好！德语（视频版）"系列（包含学生用书、教师手册、练习手册、同步测试、强化训练）	[德]史黛芬妮·登格勒等	外语教学与研究出版社	2023年3月
德语二外、兴趣课程	"少儿德语"系列（包含学生用书、教师手册、同步测试、练习手册）	[德]奥利加·斯沃洛娃	外语教学与研究出版社	2023年4月
德语二外、兴趣课程	快乐德语（第2版）（B1）（学生用书）	[德]金莎黛、[德]茨·罗尔曼、黄惠芳	上海外语教育出版社	2023年5月
德语二外、兴趣课程	新启航德语系列：新启航德语C2	王蔚	上海外语教育出版社	2023年8月
德语二外、兴趣课程	新启航德语系列：新启航德语C3	周年、李媛	上海外语教育出版社	2023年9月

2.2.4　中小学数字教材

随着《数字教材 中小学数字教材出版基本流程》《数字教材 中小学数字教材元数据》《数字教材 中小学数字教材质量要求和检测方法》三项国家标准进入正式实施阶段，中小学数字教材的研发、出版、审核开始有章可循。这也意味着数字教材作为基础教育资源的核心载体，越来越受到教育行政部门和学校的重视，大规模的推广应用被提上了日程。整体上看，目前中小学数字教材已经从"纸质教材+数字课程"进化到了"纸质教材+知识图谱+专业教学平台（+智慧教室）"的新阶段。

1）　外研社数字教材

外研U学依托外研社优质内容与专业教研设计，汇聚基础学段近百个系列、逾千册图书资源，包括《英语》（新标准）、《新概念英语》、丽声等经典IP，为"课内—课外—家庭"全场景提供数字化解决方案。配套的"外研U学智慧云盒"以教材为中心，内置《英语》（新标准）等外研社重点教材、教程及配套数字内容，为学校和教师提供数字教材、课件、微课、单词卡片等立体化的教学资源，便于教师使用学科特色授课工具在课上实现与学生的高效互动，及时了解学情、夯实学生基础。

基于外研U学产品矩阵，外研社携手学校对普通教室完成智慧改造，构建覆盖课前、课中、课后全流程的数字化教学体系，实现教育与科技的智慧互联。课前，教师可应用外研U学教学云平台提供的海量教学资源进行备课，资源涵盖标准化外研版数字教材、教案、同步微课、拓展阅读、各类练习资源等，多元选择助力高效备课。课中，教师开启外研U学智慧云盒，即刻开启数字教学，课件、教学进度等数据多端同步，方便教师进行科学管理。课后，外研U学特设课后延时服务板块，提供40余种优质特色活动课程，涵盖文化专项、外语学习、阅读专项多元类型，提升课后延时服务质量。

2）　人教社数字教材

人教社中小学数字教材以传统纸质教材为蓝本，针对信息化环境中教与学的新需求，结合互联网、数字媒体、大数据等技术手段，推出数字化教学平台——人教英语教学系统，为中小学提供英语学科教学整体解决方案。该平台依据英语学科核心素养和国家课程标准，基于多元任务的设计理念，以数字教材为核心，将教学资源与语音识别和大数据分析等智能技术深度融合，辅助教师开展备授课，提高学生学用能力，助力英语教学、教研水平提升。

2.3　中小学外语教材使用案例

2.3.1　中小学英语教材使用案例

四川天府新区第三小学：秉持学习活动观，设计内在关联的学习活动

新课标指出，教学设计与实施要以主题为引领，以语篇为依托，通过学习理解、应用实践和迁移创新等活动，引导学生整合性地学习语言知识和文化知识，进而运用所学知识、技能和策略，围绕主题表达个人观点和态度，解决真实问题，达到在教学中培养学生核心素养的目的。

四川天府新区第三小学在日常英语教学中，基于外研版《英语》（新标准）（三年级起点）小学教材内容，立足英语学习活动观，设计体现语言能力螺旋上升的学习活动，引导学生逐渐从基于语篇的学习走向深入语篇和超越语篇的学习，使语言学习的过程成为学生语言能力发展、思维品质提升、文化意识建构和学会学习的成长过程。

1) 设计学习理解类活动，引导学生学思结合

学习理解类活动旨在帮助学生在语境中理解文本内容，学习文本中的核心语言。以三年级《英语》下册 Module 4 Unit 1 Do you like meat? 为例，该课的育人目标为认识不同食物，了解人们有不同的食物喜好。为达成该目标，学生首先通过观看语篇动画、观察文本配图、推测情节

发展并验证等活动，理解语篇中 Lingling 到好朋友 Amy 家做客时，大家互相询问并谈论各自喜欢食物的对话大意。然后学生获取、梳理相关信息，学习交流食物喜好的核心语言为"Do you like…?""Yes, I do."及"No, I don't."，感知并理解语言所表达的意义，建立知识间的关联，逐步形成知识结构。接下来再通过跟读、分角色朗读等活动，进一步理解文本内容，内化语言，为语言输出奠定基础。

2）设计应用实践类活动，促进学生学用结合

应用实践类活动是在学习理解类活动的基础上，引导学生在语境中运用核心语言完成学习活动，内化所学语言和文化知识，加深理解并初步运用。在理解了课文中 Lingling、Amy 等人物的喜好之后，利用文中的留白空间，围绕尚未谈论到的 Ms Smart，展开应用实践类活动。学生通过角色扮演和分析推理，完成关于 Ms Smart 是否喜欢文中所提到的食物的问答，进一步练习询问食物喜好，从学习理解过渡到应用实践，促进知识向能力转化。

3）设计迁移创新类活动，激发学生学创结合

迁移创新类活动强调学生在新的语境中，运用所学语言进行真实的交流与表达，这也是学习活动的最高层次。教师设计了"制作宴客菜单"（Make a menu）的单元实践活动，让学生在迁移的语境中，创造性地运用所学语言询问朋友对于食物的喜好，引导学生明白依据朋友食物喜好提供餐食，能表达更深层次的友好。学生从课本走向现实生活，在调查和制作菜单的过程中，深化对主题意义的认知和理解，促进能力向素养转化。

哈尔滨新区第七学校：开展单元整体教学，实现英语学科育人实践

黑龙江省哈尔滨新区第七学校以新课标为引领，基于人教版《英语》（三年级起点）小学教材，深入开展单元整体教学，综合解读单元多模态语篇承载的主题内容及育人价值，整合确定不同语篇主题意义的逻辑关联及探究主线，基于问题情境创设综合性任务，融合设计学习理解、应用实践

和迁移创新等活动，使学生在学习体验、多主体互动及自我反思中循序渐进地建构主题新知，形成正确的价值判断，提高分析和解决问题的能力。

以五年级上册 Unit 3 What would you like?为例，单元涉及人与自我主题范畴下生活与学习主题群中的"健康、文明的行为习惯与生活方式"子主题内容和人与社会主题范畴下科学与技术主题群中的"科学技术改变生活"子主题内容，包括对话、配图故事、便条等语篇类型。教师在整合分析各语篇类型、主题内容及育人价值的过程中发现，整个单元从多个方面充实了"饮食文化节"涉及的内容，不仅能帮助学生了解和拓展日常点餐及谈论自己喜欢的食物和饮品的文化知识与语言知识，还能帮助学生逐步建构相关主题概念，提升文化自信，树立正确的价值观。该单元育人主线可以确定为"了解个人饮食习惯差异—了解中外饮食文化差异—保持合理健康的饮食习惯，坚持绿色生活—现代科技已广泛应用于餐饮行业，但人工智能替代不了人类"。

围绕育人目标及逻辑主线，教师精心设计课堂教学活动，以整合性、关联性和多样化的学习活动实现育人效果。例如，设计贯穿单元教学的问题链，创设整合性输出情境活动促进迁移创新，基于学生素养表现评价单元育人效果等，从而促进学生关键能力的发展以及正确价值观的养成，确保单元育人效果。

南宁市第三中学：依托"四度六步"，提升学生英语核心素养

南宁市第三中学初中部（青秀校区）以新课标为指导，基于外研版《英语》（新标准）初中教材内容，根据英语核心素养制定教学目标，围绕主题意义，秉持英语学习活动观，以"四度六步"为抓手设计教学，把英语课程育人价值与英语学习有机结合，让学生获得积极的学习体验，快乐、自信地学习英语。

聚焦"四度"的四个维度，即打造有温度、有梯度、有深度和有广度的课堂。尊重学生发展的个人差异，通过自主、合作、探究等多元化学习方式获取新知、探究意义和解决问题。关注课堂上学生思维品质的培养和文化意识的形成，积淀人文底蕴，通过灵活追问的方式，培养学生的理解、分析、比较、推断、批判、评价和创造等思维能力，涵养学生品格，培养学生的家国情怀，使之形成正确的世界观、人生观和价值观。以"六步"环节为架构，融合大单元教学设计，围绕主题和主题意义，以问题为导向开展语篇深度学习，用问题链使"温故—引新—探究—变式—尝试—提升"六步之间形成紧密的、有逻辑关联的、逐层递进的教学"金线"，打造大单元语境中的知识理解和再运用，引导学生整合性地学习语言知识和文化知识，促进知识结构化和学科关键能力形成，进而能融合新的学习情境，发表观点及表明态度，深化对主题意义的理解，创造性地解决真实情境中的问题，最终提升学生的英语核心素养。

首都师范大学附属回龙观育新学校：设置项目式学习任务，融合跨学科主题学习

首都师范大学附属回龙观育新学校以新课标为引领，基于北师大版《英语》初中教材，秉承"在体验中学习、在实践中运用、在迁移中创新"的学习理念，引导学生围绕真实情境和真实问题，激活已知，参与到聚焦主题意义探究的学习理解、应用实践和迁移创新等一系列相互关联、循环递进的语言学习和运用活动中。

北师大版英语教材中的每个单元都围绕一个主题展开，如"Daily Life""Dealing with Problems""Books""Space"等。这些主题不仅涉及英语语言的学习，还涉及体育、地理、历史、文学等多个学科的内容。教材在设计上注重跨学科主题学习的融合，以核心素养导向的跨学科主题学习目标为指导，基于真实情境设定跨学科主题学习内容；在实施时秉持英语学习活动观，强调学生主体参与，并通过学生参与式的跨学科主题学习评价，形成完整的实践路径。

教师在使用教材时，可以借助教材中的内容，设置与科学、社会研究或其他学科相关的项目式学习任务。例如，在学习北师大版《英语》九年级（全一册）中的 Unit 4 Space 时，学生在教师的引导下，举办了为期两周的以"中国航天航空成就"为主题的校内展览。学生在学习英语的同时，主动获得关于该主题的相关知识和信息。跨学科学习帮助学生拓宽知识面，激发学习兴趣，并大大提高了学生的综合语言运用能力。

呼和浩特市第二中学：实施大单元教学，协同发展批判性思维和创新思维

内蒙古自治区呼和浩特市第二中学在使用外研版《英语》（新标准）高中教材的过程中，遵循课程标准，落实核心素养，依托教材提供的多模态语篇，在主题意义的引领下实施大单元教学，注重学生思维品质的培养，充分发挥学科的育人价值。

英语学科的核心素养包括语言能力、思维品质、文化意识和学习能力四个维度。其中，思维品质指思维在逻辑性、批判性、创新性等方面所表现的能力和水平。该校教师在使用教材时深挖文本，创设真实语境，精心设计教学问题，构建以生为本的课堂学习活动。在教师引导下，学生能深入理解文本，通过自主分析和合作探讨解决问题，用英语表达自己的看法和见解，实现语言从输入到输出的转化，提升分析问题和解决问题的能力，促进批判性思维和创新思维的发展，从而实现学科育人的目标。

以外研版高中英语一年级必修第一册 Unit 4 Friends forever 阅读部分 Click for a friend? 为例，基于文本的分析和解读，教师提出一个问题"Are you for or against online friendship?"，进而引导学生多角度看待网上交友的利弊，使学生在思维的碰撞中形成较为理性的观点。在开展外研版高中英语一年级必修第一册 Unit 3 Family matters 阅读部分 Just a brother 的教学时，教师将"Should the brothers have been disqualified or highly praised for their actions?"这一问题作为辩论的论题，组织班内辩论赛。在辩论过程中，学生思维活跃，逻辑清晰，表达流畅，有效促进了逻辑思维和批判性思维的发展。在必修第一册 Unit 4 After twenty years 续写结尾活动中，教师精心设计，通过戏剧表演的形式让学生进一步深入理解了友谊的意义和内涵，辩证地思考法与情的关系，提高学生的语言素养和解决实际问题的能力。在必修第三册 Unit 3 The world of science 的阅读部分 Franklin's experiment: How much is true?的教学中，教师引导学生大胆质疑，在质疑和寻找真理的过程中培养学生思维的广阔性、批判性和灵活性。在教学设计中，教师再次创设情境，提出更深入的问题"Is seeing believing?"，全方位锻炼学生的批判性思维，不断提升他们的思维水平。在必修第二册 Unit 4 Stage and screen 的阅读部分 Good book, bad movie? 的教学中，教师在阅读后抛出"How should you treat movies and books?"这一开放性问题，拓展了学生的思维，让学生不局限于教材文本，创造性地回答问题，鼓励学生结合阅读经历，形成自己的观点。

教师在实际教学中，充分挖掘教材文本内涵，精心设置有启发性、有梯度、有深度的问题，引导学生思考问题，提高学生思维层次，将思维能力提升和阅读能力培养有机融合并协同发展，最终让学生学会独立辩证思考，成为一个全面发展的人。

杭州外国语学校：遵循"扶放有度"教学模式，践行英语自主阅读理念

杭州外国语学校在使用人教版《英语》高中教材的过程中，以新课标为引领，遵循"扶放有度"的教学模式，积极鼓励学生开展自主学习、合作学习和探究式学习，组织学生自主研读语篇，包括对语篇的主题、内容、文体结构、语言特点、作者写作意图等进行深入解读。

以选择性必修第二册第二单元读思板块 "Welcome, Xie Lei!": Business student building bridges 阅读语篇研读为例。在探究语篇主题和内容时，通过教师示范，引导学生通过观察插图和标题来预测内容；通过教师辅导，学生找到关键词句，推断该专题报道的主题内容；同时，通过与同伴讨论关键词语内涵，初步建构语篇主题意义——跨文化沟通、包容和合作。

在分析文体特征和语言特点时，教师搭建"脚手架"，通过设计选择题激活学生已有的文体图式，帮助他们快速回顾"专题报道"的文体特征。在分析语言特点时，教师引导学生通过朗读体会副标题中四个单词的首字母共有的音素，引出头韵（alliteration）修辞手法，并鼓励学生展开联想，回忆曾经读到的运用类似修辞手法的标题。

解读作者写作意图这一学习任务难度相对较大。在教学中，通过教师辅导、同伴讨论等方式，总结出该文的写作意图是向校内学生介绍中国交换生的旅英适应经历，包括作为一名文化使者的困难与挑战、收获与成长。作为一名中国读者，学生可感知青少年既要积极向世界介绍中国文化，又要努力学习世界各国的优秀文化，求同存异、和睦相处。

在探索人教版《英语》高中教材自主学习的过程中，教师有目的的"扶"和同伴协作降低了学习任务的难度，提高了学生的课堂安全感；教师有意识的"放"和学生有支架的课堂讨论提高了学生的参与度。在"扶放有度"中研读语篇，教师时刻关注"扶放"平衡，不断转换自己的角色，依托学生能力去践行英语自主阅读理念。

2.3.2　中学多语言教材使用案例

南通市海门区中南中学俄语课堂以人教社统编的义务教育教科书中的初中《俄语》系列教材为依托，以学生为主体，在教学过程中融入"少教多学"理念，设置不同环节激发学生学习俄语的兴趣，增强学生的合作意识和竞争意识。

以《俄语》（人教版）七年级（全一册）第八课"让我们认识一下！"为例。该课主要教授如何询问他人的名字以及介绍自己的名字，如何在交际中恰当使用礼貌用语。学生将掌握如何询问以及介绍名字，在朗读时正确使用语音语调，加强俄语口语表达能力。教师以激发学生的学习热情，增强学生学习俄语的信心，营造和谐轻松的课堂氛围作为单元教学目标。教师将该课分解为国情文化介绍、复习单词、讲授新课三个环节。在国情文化介绍环节，展示俄罗斯历史的第一个主要阶段——基辅罗斯时期。通过播放视频及 PPT，带领学生梳理该历史时期的主要统治者、首都以及主要事件。在复习单词环节，首先，采取游戏方式，选一名同学指挥，其他同学根据其指令跟读单词；然后，以看图抢答的方式，检验学生对所学单词的掌握程度。在讲授新课环节，首先进行人称代词第四格的讲解，以此引出用俄语询问对方姓名的句式。在完成语法及句式教授后进入练习部分——用人称代词的正确形式填空。随后，带领学生学习课文对话，向其展示汉语拼音与俄语字母对照表，并让学生把自己的名字译成俄语。最后，进行同伴练习，学生互相询问俄语名字，巩固课堂重点句型以及语调。课堂环节紧凑，重难点清晰，气氛活跃。

2.4　中小学外语教材教师培训

2.4.1　中小学英语教材教师培训

2.4.1.1　义务教育阶段外语教材教师培训

2023 年 5 月，习近平总书记在中共中央政治局第五次集体学习时强调，强教必先强师。为加强教师队伍建设，健全中国特色教师教育体系，大力培养造就一支师德高尚、业务精湛、结构合理、充满活力的高素质专业化教师队伍，2023 年，全国各大外语教材出版机构将义务教育外语教师培训重点聚焦于提升外语教师的专业素养和新课程实施水平。培训内容主要围绕帮助教师准确理解新课程标准的教育理念和基本要求，掌握新课程标准的核心素养目标；帮助教师运用新课程标准设计教学内容、教学过程和教学评价；帮助教师开展有效的教学研究，提高教学能力等展开。通过培训，力争帮助义务教育阶段外语教师将新课标理念转化为教学实践，进一步提升外语教师教研能力及课堂施教能力，助力基础教育事业高质量发展。

1） 外研社

2023年，外研社基于《英语》（新标准）小学、初中教材，聚焦《义务教育英语课程标准（2022年版）》的落地实施，按照"调研先行、统筹规划、按需培训、精准施训"的培训路径，通过全国集中、跨区域联合、定期回访调研、因需下沉区县等多种培训方式，有效整合资源，提升培训实效，旨在指导教师用好现行教材，培养学生核心素养，开展指向主题意义探究的单元整体教学，推动"教—学—评"一体化，落实深度学习。2023年，外研社共开展义务教育阶段外语教材教师培训200余场，线上、线下累计培训教师超过60万人次。

7月，外研社举办了"全国基础外语教师成长营"，专注于基础外语教师的专业发展，活动围绕"基础外语教师教学评专业能力提升：理论与实践"展开。成长营通过工作坊、分组研讨、专题分享等多样活动，实现理论与实践的结合。在小学英语教学环节，专家就单元教学设计、教材分析与作业设计等进行指导，并鼓励教师交流探讨。针对初中学段，专家探讨了单元整体教学、教材应用和中考试题分析，鼓励实际应用与研讨，以此提高教师的教学能力和评价技巧。

2） 人教社

2023年，人教社继续面向全国义务教育阶段的一线英语教师，推出了为期8个月的"人教云教研"在线教研活动。该培训课程丰富多样，包含"基于核心问题的单元综合教学设计""英语语能和词汇教学策略""初中英语语篇教学""依据新课程标准制定初中英语教学目标"等多个模块，受到了广大教师的欢迎。

该系列网络教研活动有效提升了义务教育阶段外语教师的专业素养，促进了教师的专业成长和教育观念转变。教师对新课程标准有了更深入的理解，掌握了英语教学的理论与方法，提高了信息化教学能力，并在课堂教学实践中取得了显著成效。

3) 北京师范大学出版社

2023 年，北京师范大学出版社（以下简称"北师大出版社"）面向义务教育阶段英语教师、教研员和相关研究人员，举办了以"践行英语学习活动观，培养学生核心素养"为主题的"2023 年义务教育英语新课程教学研讨会"和"2023 年中考英语复习线上培训""基于大观念的单元整体教学设计与实践"等系列研讨活动，旨在帮助教师深刻理解新课程标准，提高教学设计与落实新理念的能力，并有效解决实际教学难题。

这些活动不仅建立起教师之间的交流学习平台，而且借助专题讨论和实例分析，实现了教学理念与技巧的同步提升，增强了教师的专业素质和应对复杂教学场景的能力，为英语教育质量的全面提升及学生核心素养的培育奠定了基础。

2.4.1.2 高中阶段外语教材教师培训

2023 年，新课程新教材新高考在全国各地全面实施，高中英语课程改革持续稳步推进。针对教学改革中涌现出来的主要问题，教育部办公厅于 5 月印发《基础教育课程教学改革深化行动方案》。文件强调，有组织地持续推进基础教育课程教学深化改革；至 2027 年，实现形成配套性的常态长效实施工作机制等行动目标。全国各大外语教材出版机构积极响应，通过线上线下多元渠道举办教师培训活动。这些培训精准贴合新课改的教学实践，旨在提升新教材课堂的教学品质，全面提高教师的育人质量。同时，截至 2023 年，新高考制度已在全国十余个省（直辖市）落地。各出版机构不仅在新教材培训方面不断深入探索，也在新高考的备考策略、高考命题趋势等方面对教师和学生进行专业的教研指导，全方位支持他们应对新高考挑战。

1) 外研社

2023 年，外研社共举办 28 场线上培训和 76 场线下培训，惠及使用外研版高中教材的近 10 万名一线教师。此外，外研社还推出了 11 期"立足课堂实践，聚焦微小问题——《英语》（新标准）高中教材主题微课"。主题微课聚焦教材使用区新课程新教材实施过程中遇到的问题，邀请一线教师就"语法只在 Using language 部分学习就够了吗？""如何开展 Starting out 板块的教学？"等主题分享教学经验。

2023 年年初，外研社系统规划全年培训，并把线上培训的主题确定为"有效阅读及读写结合的实现路径"，邀请教材编审委员会、地方教研团队分享阅读及读写结合教学的有效策略和教学实践。此外，根据地方培训需求，外研社也一如既往地提供线下教材培训和教学支持。暑期，外研社组织专家，先后在全国多个省市举办新课程新教材培训，帮助广大教师在新时代背景下准确把握教材的编写理念、特色、结构以及修订情况，在教学中落实新课标理念，用好新教材。

通过线上和线下相结合的教材培训，外研社进一步引领新课程理念深入人心，助力新教材在各省市顺利落地，并在此过程中，培养更多优秀教师，挖掘更多优秀课例。

2) 人教社

2023 年，人教社继续通过"人教教师培训服务平台"开展人教版普通高中英语新教材网络培训，培训课程包含面向高中各个年级教师的课标解读、必修及选择性必修各册内容解析与介绍、高三语言知识复习及能力提升策略等。

此外，为推进新课程改革和高考综合改革，江西省、河南省等多地在暑期举办普通高中新课程新教材省级培训（英语学科）。培训课程以问题为导向，聚焦新课程实施和新教材使用方面的教育教学实践，旨在指导一线教师改进教学策略，探究构建课堂有效途径，从教学理论和教学实践方面给参训教师提供示范、借鉴和启发。讲座以近几年全国高考考查方向和趋势为依据，基于高考真题语篇分析对新教材语篇教学的启示，指导参训教师如何围绕主题意义，整体内化和巩固语言知识，并在新情境下灵活迁移知识，解决新问题。

3) 北师大出版社

2023 年，北师大出版社通过"北师大出版社教材培训平台"举办高中英语教材网络培训近 20 场，为使用北师大版教材的教师提供教学支持，发展学生核心素养，实现学科育人目标。课程内容包括北师大版高中英语教材单元整体教学案例展示、单元整体教学中的语言学习案例分析、高考备考教学指导等。

北师大网络教材培训既包含配合一线教学进度、聚焦真实教学案例的教材使用培训，如邀请来自广东省佛山市、北京市、福建省晋江市等地的教研团队做课例展示，也包含指向新高考命题趋势的高考备考策略方面的培训。

此外，暑期，北师大出版社在呼伦贝尔、兰州、南阳等地市举办北师大版高中英语新教材省、市级培训，通过专题讲座、示范课展示及专家点评等形式解读新课标、解析新教材，并针对视听、语法、阅读、写作等典型课例进行研讨交流，旨在帮助教师进一步厘清新课改理念，如课程内容六要素、英语学习活动观等，有效提升教师的单元整体教学设计能力及课堂教学实操能力。

2.4.2 中学多语言教材教师培训

2.4.2.1 中学俄语教材教师培训

人教社于 2023 年 4 月、6 月、10 月及 12 月举办"人教云教研"网络教研活动，邀请中学俄语一线名师为初中俄语教师做线上培训，主题包括"基于核心素养的初中俄语语法教学实践之'定向不定向动词'""聚焦情境创设的中学俄语口语发展教学策略——以听说课'业余时间'为例""指向核心素养的初中俄语语法教学——带前缀的运动动词的意义和用法"等。

该活动助推新课标落地实施，帮助广大初中俄语教师将课标理念转化为教学实践，进一步提升俄语教师的教研能力及课堂施教能力，加深对中学俄语教材的理解，提高教材运用能力。

2023年5月12日—13日，由北京外国语大学、四川省教育科学研究院指导，全国基础外语教育研究培训中心多语种教育发展分中心、成都市教育科学研究院共同主办，外研社、成都经开区（龙泉驿区）教育局承办，四川省成都市龙泉第二中学、小语大家教育科技（成都）有限公司协办的"2023全国基础教育阶段多语种学科建设与教学发展研讨会"在成都举行。研讨会以"铸魂育人 行稳致远"为主题，凝聚各语种专家、学者和一线教师的智慧与经验，将国家教育政策引领、多语种学科建设与发展、信息技术在外语教学中的应用、教学评研的有效实施、教师专业能力培养与提升等内容相融合，旨在为全国基础教育阶段多语种学科的建设与发展提供互学互鉴、融合发展的学习交流平台。共有来自全国200所中小学、高校和培训机构的400余位领导、专家、多语种学科负责人和一线教师参加会议。

2023年7月10日—14日，由中国教育国际交流协会主办、北京师范大学俄罗斯研究中心承办的"中学俄语教师暑期培训班"在北京举行。讲座专家来自北京师范大学、北京外国语大学、深圳北理莫斯科大学、北京第二外国语学院、黑龙江省教育学院和长春外国语学校。培训共持续五天，从俄语学科核心素养、基于新课标的教案撰写、教学方法与技巧等方面，为中学教师开设七场讲座、两个主题工作坊、两堂专家公开课和一场专题研讨会。

2023年7月15日—16日，由全国基础外语教育研究培训中心多语种教育发展分中心、外研社共同主办的"2023全国中学多语种教师教学能力提升研习班（俄语、德语、法语、西班牙语）"在北京举办，来自全国36所学校的65位多语种教师参加了该研习班。研习班以学科核心素养为导向，内容聚焦"大概念""大单元""跨学科主题学习""外语教学活动设计"等；

以教研工坊的形式开展实践与交流,促进教师专业素养的有效提升,助力教师专业能力发展。

2023年11月28日—30日,由中国教育国际交流协会主办、长春外国语学校协办的"中学俄语教师高级研修班"在长春举办,来自全国14个省、自治区、直辖市80所中学的94位俄语教师及教研员参加研修。研修班课程分为理论和教学两部分,由9位俄语教学专家和一线教师以讲座、课程观摩、说课评课、工作坊等方式,围绕俄语课程核心素养、主题活动教学、大单元教学等内容开展,助力教师了解我国外语教育的政策方针,学习最新的俄语教学理论和方法,提升综合教学素养和专业技能。

2.4.2.2　中学日语教材教师培训

2023年4月16日,外研社以《新起点日语》系列教材为依托,策划组织了线上"中学日语虚拟教研室"。虚拟教研室由课标组专家成员、中学日语一线教师以及资深日语教研员担任主讲,先由一线教师以《新起点日语》系列教材的某一课为例进行教学展示,再由课标组专家成员兼主编从讲授方式、师生互动等方面对授课教师给予点评及建议。参与教研的学校总数超过150所,累计参与研修的教师达1,300人次。

7月19日—21日,全国中等日语教学研究会与外研社联合主办了"第三届全国中等日语教师教学能力提升暑期研修班"。该研修班以"赋能学科建设,助力教师发展"为主题,旨在落实"新课标"要求,聚焦高考日语新动向,探索学科发展新路径,为中学日语教师搭建教学交流平台,提升中学日语教师的专业能力和职业素养。共有来自152所中学和培训机构的258位教师参加研修班。

针对初中日语教师能力提升,人教社分别在4月、6月、10月和12月依托义务教育课标教材《日语》开展了四期"云教研"线上培训,主题分别为"核心素养导向下的现行日语义教教材使用建议""依据新课标使用义教日语现行教材组织教学的课例分享""核心素养导向的日常评价——作业设计与管理""核心素养导向的命题建议",旨在为初中日语教师在使用教材、设计教学活动和布置作业等方面提供科学建议,使教师在实际教学中能够有序开展各项活动。

教育部、国家发展改革委、财政部在 2023 年 7 月联合发布的《关于实施新时代基础教育扩优提质行动计划的意见》明确提出,推动普通高中多样化发展;建设一批具有科技、人文、外语、体育、艺术等方面特色的普通高中,积极发展综合高中。秉承这样的指导方针,全国各地普通高中开始创建日语学科。但是,由于中学日语学科在我国普通高中还处于起步阶段,在学科建设过程中存在教研服务欠缺、师资力量薄弱、教学管理经验不足、教学资源匮乏等问题。为了推动中等日语教育改革,助力中学日语学科建设,培养德智体美劳全面发展的社会主义建设者和接班人,全国中等日语教学研究会联合全国基础外语教育研究培训中心多语种教育发展分中心,于 2023 年 12 月 22 日—23 日举办了"第五届全国中等日语教学研究会年会"。会议秉承"惟实励新 笃行致远"的主旨,邀请了课标组专家、国内日语及教育领域的知名教授、学者以及优秀的中等日语教育管理者和教师分享中等日语办学经验,围绕中等日语教育改革前沿、中学日语学科建设、教学管理、教师发展、高考日语命题走向等核心课题展开研讨。共有来自 148 所学校的近 200 位教师参加了年会。

第三章 职业院校外语教材建设

2023年5月，中共中央总书记习近平主持中共中央政治局第五次集体学习并发表重要讲话，提出要全面提升教育服务高质量发展的能力。"统筹职业教育、高等教育、继续教育，推进职普融通、产教融合、科教融汇，源源不断培养高素质技术技能人才、大国工匠、能工巧匠。"

6月，教育部办公厅发布《教育部办公厅关于开展课程实施与教材使用监测工作的通知》。通知指出，为贯彻落实党的二十大关于"加强教材建设和管理"的重大决策部署，全面提升课程实施效果和教材质量，教育部决定开展课程实施与教材使用监测工作。通知中明确了职业院校教材使用监测工作方案。该方案指出，重点监测职业教育国家规划教材选用与使用情况，以及职业院校使用的各类教材在政治性、思想性、科学性、适宜性等方面的情况。

7月，教育部办公厅发布《教育部办公厅关于加快推进现代职业教育体系建设改革重点任务的通知》。通知指出，要"开展职业教育优质教材建设"，支持各地在"十四五"职业教育国家规划教材范围内建设2,000种左右全国性职业教育产教融合优质教材。优质教材建设将重点面向战略性新兴产业、先进制造业、现代服务业、现代农业等领域，深化产教融合、协同育人，科学严谨、内容丰富、形态多样、反映行业前沿技术，鼓励行业牵头或行业、企业、学校等共同开发。到2025年，通过建设和宣传推介，大幅提升优质教材的影响力和选用比例，有效发挥优质专业课程教材的示范辐射作用。

2023年，职业教育以加快建设现代化职业教育强国为目标，在职普融通、产教融合、科教融汇方面不断探索和创新，成效显著。职业教育教材建设全面贯彻党的二十大精神，落实习近平总书记关于加强教材建设和管理的要求，推进《职业院校教材管理办法》落地实施，取得了快速发展。

3.1 职业院校外语教材相关政策

2023年3月，教育部职业教育发展中心发布《关于开展中等职业学校数学、英语等七门公共基础课修订教材复核工作的通知》。通知指出，为贯彻落实党的二十大精神，加快推进党的二十大精神进教材、进课堂、进头脑，按照教育部教材局和职业教育与成人教育司要求，对这七门教材的修订情况进行复核。提交复核的资料包括原教材和修订后教材样书，修订对照表和修订工作报告。

6月，教育部办公厅发布《教育部办公厅关于公布首批"十四五"职业教育国家规划教材书目的通知》。通知指出，此次评审根据相关文件要求，经有关单位申报、形式审查、专家评审、专项审核、专家复核、面向社会公示等程序，共确定7,251种教材入选首批"十四五"职业教育国家规划教材，涵盖全部19个专业大类、1,382个专业。

6月，教育部职业教育发展中心下发《关于开展〈2023—2024年度职业教育教材信息汇编〉编印工作的通知》。通知指出，新一轮建设的中职数学、英语等七门公共基础课国家规划新教材列入《2023—2024年度职业教育教材信息汇编中职分册》，其配套教辅列入其他教材的公共基础课部分，配套教辅需提供审核意见。《2023—2024年度职业教育教材信息汇编》不增加非规划教材，可供职业院校教师和学生选用教材参考。

3.2 职业院校外语教材出版概况

2023年，职业教育外语教材出版聚焦全面贯彻党的二十大精神，落实《职业院校教材管理办法》关于教材编写和修订的有关规定。中、高职英语国家规划教材根据党的二十大精神进行了修订和复核。新出版的高职英语教材依据《高等职业教育专科英语课程标准（2021年版）》（以下简称"高职英语新课标"）等国家标准，创新应用最新外语教学理论进行编写。教材的呈现方式更加多元，配套资源更加丰富，纸数融合的探索和实践进一步深入。职业本科英语教材粗具规模，高等职业教育英语教材体系基本齐全，能更好地服务于高职专科、高职本科英语教学。

3.2.1 职业院校英语教材

3.2.1.1 中职英语教材

2023年3月，各有关出版机构依据教育部职业教育发展中心发布的《关于开展中等职业学校数学、英语等七门公共基础课修订教材复核工作的通知》，贯彻落实党的二十大精神，加快推进党的二十大精神进教材、进课堂、进头脑，并按照教育部教材局和职业教育与成人教育司要求，组织开展了中职英语等七门公共基础课教材的修订和复核工作。外研社、高教社等承担中职英语国家规划教材出版任务的出版机构完成了新一轮中职英语教材修订工作，教材通过了教育部复核。修订后的教材有机融入了党的二十大精神，重在凸显思政价值引领，着力发挥铸魂育人实效。同时，该次中职英语教材修订工作符合《中等职业学校公共基础课程方案》《职业院校教材管理办法》和《中等职业学校英语课程标准（2020年版）》文件精神，致力于打造新时代背景下培根铸魂、启智增慧的精品教材，助力中等职业学校高质量人才培养。

3.2.1.2　高职英语教材

1)　紧扣新课标要求，落实德技并修

为全面贯彻党的教育方针，落实立德树人根本任务，2023年出版的高职英语新教材具有以下共同特点：依据高职英语新课标，突出学科育人，注重发展学生职场涉外沟通、多元文化交流、语言思维提升、自主学习完善的学科核心素养。

以外研社出版的《新标准职业英语》系列教材为例。该教材紧扣高职英语新课标，秉承"价值塑造、知识传授和能力培养"三位一体的理念，设置"做人+做事"双目标，同步强化学生价值塑造和技能培养，落实立德树人、学科育人；精选单元主题和职业场景，全面覆盖新课标要求的主题、专题、话题和职场情境任务，突出职业特色；依托典型职场任务，选取真实应用文本类型，融入直播脚本等新形态语篇，响应人才培养新需求；严格遵循高职英语新课标对词汇数量的要求，结合主题，以短语的形式不断复现相关词汇，引导学生通过多种方法学习词汇，为学生未来职业发展筑牢语言基础。外教社出版的《高职国际英语：进阶综合教程》（第二版）落实新课标要求，以学科核心素养为中心进行教材内容选取、练习设计及配套资源开发。高教社出版的《新编实用英语》（第五版）（修订版）在前一版基础上，更加突出学科核心素养，将学科核心素养、职场情境、语言学习三者有机结合。

2)　响应党的二十大精神，强化思政教学

在党的二十大精神指引下，为更好地服务新时期国家发展战略和人才培养需要，助力培养有中国情怀、国际视野的高素质技术技能人才，各出版机构立足时代需求，在充分落实语言能力培养任务的同时，深耕教材思政内容建设，修订、再版经典教材，充分发挥教材潜移默化、启智润心的作用。例如，外研社出版的《新视野英语教程》（第四版），从话题、选材、习题设计等方面全面落实党的二十大精神，将中国高铁和载人航天等新时代高质量发展建设成就、智能家居等前沿科技创新、延安生态建设奇迹、中国体育发展、中国新兴职业等内容融入教材，为新时代英语教学启迪新思路。外教社出版的《高职国际英语：进阶综合教程》（第二版）以党的二十大精神为根本遵循，新增生态文明、大国工匠精神等多种主题。高教社出版的《新编实用英语》（第五版）（修订版）聚焦中华优秀文化的英文表达，使学生"学一点、会一点、用一点"，讲好中国故事，在交流中展现文化自信。

3) 应用外语教育新理论，创新高职外语教材编写理念

为适应时代发展，满足教学需求，推动职业教育外语教学提质增效，各出版机构瞄准外语教育理论发展前沿，研发新教材。例如，外研社出版的《新标准职业英语》系列教材依托我国本土外语教育理论"产出导向法"设计教学过程和教学活动，将"产出导向法"首次应用于我国职业教育教材建设，将外语教育新理论同职业教育教学规律相结合。该系列教材采用"驱动—促成—评价"的教学流程：以职场真实情境、多样产出任务驱动学习，以地道、精准的内容材料促成产出，以"学习—实践—评价—反思"一体化提升教学效率。以上教学流程突出高职英语教育以学习为中心、学用一体、全人教育的学科特点，实现输出驱动、输入促成和选择学习，激发学生的学习欲望，创造条件促成产出任务，充分体现外语教育新成果。

4) 紧跟行业最新动向，研发专业英语教材

为拓宽学生成长成才通道，推进产教融合，满足经济社会对高素质外语人才的实际需要，各出版机构基于高职院校外语课程设置，探索研发专业英语教材，以真实生产项目、典型工作任务等为载体，体现产业发展的新技术、新工艺、新规范、新标准，推动新型人才培养，全方位服务经济社会发展需求。例如，外研社出版的《新时代职业英语 专业篇》在2023年推出了《安全管理英语》《化工英语》《农林英语》及《铁路英语》，对标《职业教育专业目录（2021年）》，集"新理念、新标准、新体系、新逻辑、新载体"于一体，介绍行业前沿话题、核心技术、发展现状及未来前景，创新引入"说明书"实用文体，创建"理实一体"特色课堂。化学工业出版社出版的《高铁乘务英语》(第二版)结合高铁技术发展和客运服务工作新形势、新要求，在第一版教材内容基础上进行更新、补充、改编，融合语言知识和服务技能教学。人民邮电出版社出版的《电子与通信技术专业英语》(第六版)立足科学技术发展前沿，不断更新教材内容，融入当下电子与通信行业的新科学、新技术、新工艺，特别是我国自主研发的先进科学技术。中国建筑工业出版社出版的《土木建筑英语》从业界前沿、关键工作步骤等角度选材，根据近年业界编写的说明性文章及当下真实工程项目资料，设置学习任务，强调学以致用，学用结合。

5) 应用数字技术，赋能外语教学

为推动纸质教材数字化改造，加快外语教育数字化转型，各出版机构不断探索纸数融合的教材研发新思路，丰富教学内容呈现形式，全方位助力教师打造智慧课堂，营造立体化、个性化的教学空间。例如，外研社出版的《新职业英语》系列教材于 2023 年推出《视听说教程》(VR 版)。该书采用视、听、说三种模态形式，通过沉浸式场景，帮助学生更高效地了解、练习、掌握职场实际工作中涉及的核心表达，真正实现"可听、可视、可练、可互动"。高教社出版的《新编实用英语》(第五版)(修订版)从教师和学生两个层面对教材的数字化资源进行配套升级，配备 iSmart 数字课程、iSmart-eBookware 交互备课系统、iSmart 背单词微信小程序等，创设"线上+线下"融合的混合式外语教学生态。

6) 聚焦职教本科，推动职普融通

为响应国家推动职业本科教育稳中有进的教育方针，满足经济社会对高层次技术技能人才的需要和职业本科院校的实际教学需求，各出版机构聚焦职业本科教材建设，推进职业本科教育高起点、高标准、高质量发展，促进专科层次职业教育和本科层次职业教育的纵向贯通、有机衔接。例如，外研社推出了《新时代职业英语 通用篇 通用英语》(本科版)，该书以新课标中学业质量"水平一（较高要求）"为起点，以《大学英语教学指南

（2020版）》中"基础目标"的教学要求以及《中国英语能力等级量表》四至五级为标准，在定位上保持职教属性，在建设中体现本科内涵，具备创新性的编写理念、优选的素材内容、巧思的任务活动、真实的情境设置以及丰富的配套资源。

3.2.2 职业院校多语言教材

2022年12月，外研社根据教育部对"十四五"职业教育国家规划教材复核的要求，对"致用日语"系列的《致用日语综合教程》（第二版）和《致用日语会话教程》进行修订，在教材中融入并贯彻党的二十大精神后送审，2023年6月，《致用日语综合教程》（第二版）（一、二、三、四册）和《致用日语会话教程》（1-3册）入选首批"十四五"职业教育国家规划教材。此外，大连理工大学出版社出版的《服务外包日语》（第二版）、《酒店日语》（第二版）、《日语翻译》（第二版）等十余种书目，大连东软电子出版社出版的《外贸日语函电》（第二版）、《实用日语写作》（修订版），外教社出版的《实用日语听力教程》（1-3册）（第二版）、《实用综合日语》（第二版），华东师范大学出版社出版的《新编日语泛读教程学生用书第一册》（第二版）等书也同时入选。2023年8月，上海市教育委员会组织开展"十四五"首批上海市职业教育规划教材遴选工作，外研社根据文件精神申报送审"致用日语"系列的《致用日语听力教程》。

送审教材的同时，外研社也积极进行职业教育多语言教材的出版工作，于2023年11月出版《商务日语视听说教程》。该教材从高职高专日语专业学生的实际情况出发，以实用为主导，以帮助学生从学校顺利过渡到职场为大前提，合理科学地编排了商务相关的学习内容，旨在令学生对职场所需的商务礼仪、语言知识有深入了解，为其成为合格的日语商务人才做铺垫。

表3.1 2023年职业院校外语教材出版一览表

课程类型	教材名称	作者	出版社	出版时间
中职公共基础课程	英语（职业模块服务类）(修订版)	赵雯、王笃勤	高等教育出版社	2023年7月
	英语（职业模块工科类）(修订版)	赵雯、王笃勤	高等教育出版社	2023年8月
	英语（拓展模块）(修订版)	赵雯、王笃勤	高等教育出版社	2023年7月
	英语1基础模块（修订版）	赵雯、王笃勤	高等教育出版社	2023年7月
	英语1B基础模块（修订版）	赵雯、王笃勤	高等教育出版社	2023年7月
	英语2-3基础模块（修订版）	赵雯、王笃勤	高等教育出版社	2023年7月
高职公共基础课程	新标准职业英语综合教程1-2	文秋芳、杨华	外语教学与研究出版社	2023年5-12月
	新时代职业英语 专业篇 化工英语	鲁昕	外语教学与研究出版社	2023年2月
	新时代职业英语 专业篇 安全管理英语	鲁昕	外语教学与研究出版社	2023年7月
	新时代职业英语 专业篇 农林英语	鲁昕	外语教学与研究出版社	2023年8月
	新时代职业英语 专业篇 铁路英语	鲁昕	外语教学与研究出版社	2023年9月
	新时代职业英语人工智能英语（VR版）	鲁昕	外语教学与研究出版社	2023年8月
	新时代职业英语 通用篇 通用英语2（本科版）	鲁昕	外语教学与研究出版社	2023年1月
	新视野英语教程（第四版）读写教程1-2	郑树棠	外语教学与研究出版社	2023年6-7月
	新视野英语教程（第四版）视听说教程1-2	郑树棠	外语教学与研究出版社	2023年7-8月
	新职业英语：视听说教程1-2（第三版）	徐小贞	外语教学与研究出版社	2023年7月

（待续）

（续表）

课程类型	教材名称	作者	出版社	出版时间
高职公共基础课程	新职业英语：视听说教程1-2（第三版）（VR版）	徐小贞	外语教学与研究出版社	2023年7月
	新职业英语：IT英语（第三版）	徐小贞	外语教学与研究出版社	2023年1月
	新编实用英语（第五版）综合教程1-3（修订版）	孔庆炎、刘鸿章	高等教育出版社	2023年7月
	高职国际英语：进阶综合教程 学生用书1-2（第2版）	张月祥	上海外语教育出版社	2023年9-11月
	新起点高职英语：综合教程 学生用书1（第二版）	张隆胜、曹 彬	上海外语教育出版社	2023年8月
	新起点高职英语：综合教程 学生用书2（第二版）	张隆胜、杨 虹	上海外语教育出版社	2023年7月
	新起点高职英语：综合教程 学生用书3（第二版）	张隆胜、张 甜	上海外语教育出版社	2023年7月
	新航标职业英语：综合英语（入门级）学生用书1-2（第2版）	老 青、凌双英	北京语言大学出版社	2023年7月
	点击职业英语基础英语模块：听说频道1-3（第四版）	刘黛琳、牛 健	大连理工大学出版社	2023年8月
	高铁乘务英语（第二版）	魏 宏、刘 波	化学工业出版社	2023年8月
	电子与通信技术专业英语（第六版）	刘 骋、蔡 静、刘小芹	人民邮电出版社	2023年8月
	土木建筑英语	林 瑛	中国建筑工业出版社	2023年2月
	电气控制专业英语	李国厚	北京师范大学出版社	2023年7月
	医疗通识英语	崔 红、洪 洋	浙江大学出版社	2023年7月
高职日语商务方向	商务日语视听说教程	宋媛媛	外语教学与研究出版社	2023年11月

3.2.3 职业院校数字教材

教师、教材、教法"三教"改革是职业外语教育高质量发展的突破口。在教育数字化转型的大背景下，外语数字教材的建设与发展成为"三教"改革的关键。外语数字教材以更加直观的形象、更加生动活泼的形式向学生传授知识和技能，同时为教师提供更加科学便捷、灵活丰富的教学手段，更加注重体验性、实操性和互动性，符合外语职业教育的实践性特点。

1) 价值引领，深化课程思政

党的二十大报告指出，要用社会主义核心价值观铸魂育人。《国家职业教育改革实施方案》指出，推进职业教育领域"三全育人"综合改革试点工作，使各类课程与思想政治理论课同向同行，努力实现职业技能和职业精神培养高度融合。各出版机构将职业素养、职业道德、课程思政、立德树人等方面的内容融入数字教材，以课程思政和英语学科核心素养"双核心"为主线，使英语教学和课程思政双向融入，充分发挥课程的育人功能，助力培养具有中国情怀、国际视野，德技并修，能够用英语进行有效沟通的高素质技术技能型人才。

外研社出版的《新职业英语（第三版）职业综合英语 2》选材注重弘扬中国优秀文化，围绕单元主题，每单元设置 Wisdom of China 板块，帮助学生树立文化自信，培养其用英语讲述中国故事、传播中国文化的能力。外教社出版的《高职国际英语：进阶综合教程（第二版）1》中阅读素材的选取以推进党的二十大精神进教材、落实立德树人根本任务为首要遵循，选材内容包括脱贫攻坚、基础设施建设、社会主义先进文化、人类命运共同体等。

2) 纸数融合，赋能高质量教学

目前，外语教材类出版物中纸媒仍占多数，但数字技术的引入使传统教材焕发新生。在教育数字化战略行动的推动下，纸数融合已成为各出版机构谋求发展新路径、适应发展新趋势的重要举措，以实现纸媒与数字优势互补、共同发展。数字内容不是单纯的纸质内容"数字化"，而是将纸质内容以更多元化的方式呈现，丰富知识传播路径，提升教学效果。

外研社出版的《新标准职业英语综合教程 1》应用"产出导向法"理论，突出高职英语教育以学习为中心、学用一体、全人教育的学科特点，实现输出驱动、输入促成和选择学习。数字教材在展现纸质教材主体内容的基础上，形成"主题引入—知识学习—内容回顾"的学习闭环，配备便捷功能设计，实现课文单句点读、逐句翻译、重点词汇总结和语言难点讲解等功能，满足学生听、读、写、译各方面的学习需求，为纸质教材载体提供技术增值服务，提升学生学习体验。

3) 资源定制，满足个性化教学需求

不同院校、不同层次的学生在具体学习需求上存在差异，有些需要获取更多的基础知识讲解，有些则需要获取更高阶的拓展资源。随着现代数字技术手段的日益丰富，为了弥补纸质教材的不足，各出版机构基于技术技能人才成长规律和学生的个性化需求，利用数字载体存储容量大的优势，为院校定制个性化、模块化配套教学资源，满足学生多元化学习需求，进一步拓展纸质教材内容深度和广度。

外研社为院校定制的《生活交际英语 300 句》数字课程是公共基础课的延伸，帮助学生高效利用第二课堂，练习口语、改善发音，并及时巩固公共基础课所学知识，培养学生良好的自主学习习惯，为其今后的就业及终身学习奠定基础。课程匹配"PGT 学习模式"，其中，P（Pair Work）即学生两人结对练习口语会话，G（Group）即学生以小组形式开展情境会话表演等，T（Team）即学生以团队形式开展英语情景剧表演、辩论赛等，鼓励学生在实践中提升语言能力。

表3.2 2023年职业院校英语数字教材一览表

课程类型	教材名称	主编	出版社	上线时间
高职公共基础课程	新职业英语(第三版)职业综合英语2	程达军、谭海涛	外语教学与研究出版社	2023年2月
	新标准职业英语综合教程1	马俊波、朱小晶	外语教学与研究出版社	2023年9月
	新视野英语教程(第四版)读写教程1	周 洁	外语教学与研究出版社	2023年9月
	新视野英语教程(第四版)读写教程2	吴 勇、唐永华	外语教学与研究出版社	2023年10月
	新视野英语教程(第四版)视听说教程1	高丽新、董革非	外语教学与研究出版社	2023年9月
	新视野英语教程(第四版)视听说教程2	高丽新、董革非、李 欣	外语教学与研究出版社	2023年10月
	新时代职业英语 通用篇 通用英语2(本科版)	吴 芳、刘爱容	外语教学与研究出版社	2023年3月
	新起点高职英语(第二版)综合教程2	杨 畅、刘文波	上海外语教育出版社	2023年6月
	新起点高职英语(第二版)综合教程3	何传俊、鲍林虹	上海外语教育出版社	2023年6月
	高职国际英语:进阶综合教程(第二版)1	张月祥	上海外语教育出版社	2023年10月

3.3 职业院校外语教材使用案例

3.3.1 职业院校英语教材使用案例

东营职业学院:以赛促教强化师资建设,"三教"改革赋能学生发展

东营职业学院贯彻落实"三教"改革政策,鼓励教师通过参加各类教育教学能力大赛开阔眼界，提高教学水平。学院教师结合学生特点，对外研社出版的《新职业英语：职业综合英语1》（智慧版）进行深入挖掘，在2023年外研社"教学之星"大赛上呈现了精彩的课堂。

东营职业学院教师以《新职业英语：职业综合英语1》（智慧版）为核心教学材料，以涉外交际能力培养为重心，以岗位需求为主线，力求构建契合学生未来职场需求的教学体系，满足未来职业发展对高职人才英语能力的需求。学院教师以"产出导向法"为理论基础，立足涉外工作岗位英语使用场景的共性特征，深挖教材的知识体系，按照职场工作过程和语言习得规律设计教学内容，根据教材布置任务、设置情境，课中进行实战演练与点评总结，课后安排拓展活动，灵活采用形式多样的教学方法，让学生积极参与教学活动。同时，教师有效结合数字化教学平台的使用，设计与学生能力相匹配的任务，建立阶段性反馈机制。

东营职业学院的教师认为，教学比赛是落实"三教"改革政策的一条重要途径。教学比赛为教师提供了创新教学设计、展示教学方法的平台，使其在合作与竞争中深挖教材内容，深入了解教育行业的最新趋势和研究成果，并帮助教师在实践中提炼教学技巧与策略，更新教学方法。由此，教师可以最大程度地发挥教材作用，提高自身素质，提升教学效果。

黑龙江建筑职业技术学院：贯彻因材施教方针，推进三全育人改革

为落实教育部"三全育人"综合改革试点工作，黑龙江建筑职业技术学院结合学生的实际情况、学校的人才培养目标和教学目标，选用外研社出版的《新视野英语教程（第三版）读写教程》（新智慧版）教材，制定了切实可行的"大学英语"课程体系实施方案。

黑龙江建筑职业技术学院坚持贯彻教育部"三全育人"综合改革的核心要求，设置紧扣行业需求的"大学英语"课程，在践行问题导向和育人导向的同时突出职业导向，培养学生在职场中独立思考和实际操作的能力。学院重视教材内容与"三全育人"理念的有机融合，注重价值塑造、知识传授、能力培养三位一体的课程设计。同时，针对学生英语水平差异大、学习需求多样化的特点，学院实行个性化教学策略，旨在激发学生的学习兴趣，提升自主学习能力，并强化与未来职场相关的英语应用技能。同时，学院注重在教学过程中培养学生的批判性思维与创造性思维，推动其跨文化交际能力进一步发展。

《新视野英语教程（第三版）读写教程》（新智慧版）不仅提供关于行业发展现状的实用资讯，还包含丰富的思政教育资源。课堂上，学院教师模拟职场环境，通过任务教学模式带领学生巩固语言知识。教师在引导学生学习语言的同时，重视引领学生树立职业精神、培养职业道德。教师通过讲述教材思政板块的内容，引入诚信、勤奋、爱国、责任等主题进行讨论，引领学生塑造积极的价值观，加深其对中华文化的理解与认同，切实推进"三全育人"改革的实施，培养社会所需的高素质人才。

浙江安防职业技术学院：有效利用数字资源，持续更新育人理念

浙江安防职业技术学院根据职业教育发展趋势以及职业教育人才培养理念，充分利用外研社出版的《新时代职业英语 通用篇 通用英语 2》教材的配套数字资源，不断更新教学理念，积极探索创新育人的路径。

《新时代职业英语 通用篇 通用英语 2》是一套可听、可视、可练、可互动的融媒体教材。学院教师充分发挥教材特点，从词汇、阅读、写作、测评四维入手，实现线上线下混合模式教学。在教学过程中，教师通过高等英语教学网（以下简称"HEEP 网"）等平台为学生提供丰富的词汇学习资源，利用 U 校园智慧教学云平台（以下简称"U 校园"）为学生提供多样化的阅读材料，运用 iWrite 英语写作教学与评阅系统为学生提供智能评阅服务，使用 iTEST 智能测评云平台为学生提供准确、快捷的测评服务，帮助学生及时了解自己的学习成果。

学院教师认为，HEEP 网、U 校园、iWrite、iTEST 等平台为学生提供了个性化学习体验，能够准确地评估学生的学习成果，为教师提供详细反馈。通过有效运用《新时代职业英语 通用篇 通用英语 2》教材配套的数字资源，教师不断更新育人理念，实现教学方式的现代化和个性化，有效满足学生多样化的学习需求。同时，学院教师不断进行创新性实践，引领学生进行更深层次的思考与合作学习，培养学生的批判性思维能力和终身学习能力，从而推动教育方式向更加个性化、富有成效的方向发展。

四川艺术职业学院：模拟真实职场情境，落实立德树人目标

四川艺术职业学院基于高教社出版的《新导向职业英语2》，在"酒店英语"课程实施中，借助动画手段创设情境，教授专业知识，培养职业道德，落实立德树人的教学目标。

学院教师结合《新导向职业英语 2》的教材特点，参照布鲁姆教学目标分类设置学习目标，充分利用情境教学法设计课程内容，以可视化的方式呈现复杂的职业场景，增强学生对专业知识的理解与记忆。在动画情境中，教师引导学生主动发现问题，并运用专业相关的英语词汇与表达解决问题。该教学模式在强化学生英语技能的同时，注重培养学生的责任感和职业精神。教学过程有讲有练，包含师生互动，并有配套练习以评估学习效果。

山东电子职业技术学院：双管齐下整合教学资源，多措并举优化课程设置

山东电子职业技术学院基于外教社出版的《新理念职业英语》，有效整合教学资源，并将其合理用于课程设置，推动学生全面发展。

山东电子职业技术学院主张向内向外双管齐下，一方面向外充分调研，深入了解学生的英语学习需求，另一方面向内加强自身建设，充分发挥教师团队主体作用，深度挖掘教材文化内涵。由于未来的职业规划不同，学院学生对获取英语知识、提高英语水平的期待值也不尽相同。学院教师认为，《新理念职业英语》教材设置基础、拓展、职业和高阶四个模块，课时数分配灵活，可以满足不同学生的学习需要。与此同时，教材理念契合学院育人理念，旨在培养学生在未来生活和工作中使用英语进行口头和书面交流的能力，发展学科核心素养，为职业发展及终身学习服务。

在优化课程设置方面，该学院采取了深入浅出的教学路径和灵活多样的课程模式。学院以《新理念职业英语》教材为基础，将基础英语教学、行业术语讲解、职业情境对话能力培养有机结合。此外，学院还不断探索新的课程模式，将情境模拟、任务驱动等教学法融入课堂，提高课堂的互动性和实效性。学院通过贴近实际工作场景的课程激发学生学习兴趣，培养学生在未来的工作中灵活运用英语的能力，实现学以致用的目标。

3.3.2 职业院校多语言教材使用案例

广东省外语艺术职业学院：校企联动，加强实践

广东省外语艺术职业学院商务日语专业基于校本教材《商务日语视听说教程》开展教学实践，师生反馈较好。2023年，该校与外研社合作出版了该教材，并和相关企业合作录制了系列微课等配套数字资源。该教材基于成果导向教学理念（Outcome-Based Education，简称OBE）编写而成，从学生的实际需求出发，以成果产出为主导，要求学生在看懂日本商务文化、听懂不同商务情境下的日语常用表达的基础上，能够以短剧表演的形式产出自己的学习成果。

教材编写主张学用一体，即教材设计的一切语言活动都与语言的实际运用紧密相连。因此，根据商务日语专业对应的商务服务业岗位活动，教材编写团队精心设计了15个实用、常见的商务日语应用场景，并借助与企业的合作，由企业人士录制了各章商务日语典型场景视频，帮助学生尽快熟悉典型商务活动和岗位要求。在实际教学中，教师强调学生的成果产出，明确各章语言运用的产出目标和产出任务，并给出清晰的产出示例。这样的教学设计具有较强的指引性和实操性。学生以视频的形式提交产出成果。以成果导向为核心的教学设计能够切实帮助学生在目的性明确的语言活动中迅速掌握专业知识、提高语言实践能力，提升专业技能和职业素养，成为有中国立场和国际视野的高素质外语人才。

鲁东大学：语言知识与人文素养并重，全面提升学科育人成效

鲁东大学非常重视对学生语言表达能力的培养。自2019年起，该校一直选用外研社出版的《致用日语会话教程》作为专业日语一、二年级的会话教材。在教材使用过程中，教师充分发挥教材特色，开展系统性会话教学，有效提升了学生的日语会话能力和人文素养。

首先，该教材的系统性、模块化设计有利于开展主题式教学活动，能够充分发挥学生的积极性和主动性。在教学过程中，教师让学生运用网络等现代信息技术手段，大量收集与教材模块主题相关的素材，梳理后分小组开展场景式会话训练，帮助学生既拓宽了视野、提升了语言表达能力，又培养了全局意识和开放性思维能力。

其次，该教材具有突出的递进性和阶梯性特色，特别是在语言编排方面，从第一、二册的"敬体表述"过渡到第三、四册的"敬简混搭表述"，让学生在学习中体验真实的会话场景。

最后，教材内容中融入大量人文元素和思政元素，有利于引导学生塑造正确的价值观、世界观、人生观。截至2023年，该校日语专业共有近300名学生使用了该教材，教学效果良好。

3.4 职业院校外语教材教师培训

3.4.1 中职外语教材教师培训

截至2023年，《中等职业学校英语课程标准（2020年版）》已发布三年，承担中职英语国家规划教材出版任务的出版机构基于新课标对中职公共基础课程教材《英语》的建设已告一段落。各出版机构围绕中职英语的教学改革、教材使用和教师发展等开展了一系列培训活动。

3.4.1.1　中职英语联合教研活动

2023 年 3 月和 9 月，北京外国语大学中国职业外语教育发展研究中心、北京外国语大学外研培训中心和外研社联合举办了两期"中职英语联合教研活动"。活动采取线上形式，搭建虚拟互动平台，开展跨地区教研联动，共有近 15,000 位教师参与云端研修。

3 月 12 日，"2023 年中职英语联合教研活动（第一期）"成功举办。活动以"以学生发展为本，深化课程思政教学创新"为主题，依托外研社"十四五"职业教育国家规划教材（中等职业学校公共基础课程教材）《英语》，通过专家讲座、"同课异构"课例展示、专家评析等多元形式，探讨英语教学与课程思政深度融合的内容设计与模式创新。北京外国语大学张连仲教授在活动中指出，课程思政的根本目标是立德树人，教师在教学中进行课程思政设计时，要思考教学流程的内在逻辑关联，要适应时代发展需求，根据学情，立足学生特点，考虑学生的实际情感、实际需要及实际困难，这样才能在教学实施中引发学生共鸣，最终有效实施思政教育。

9 月 24 日，"2023 年中职英语联合教研活动（第二期）"成功举办。活动以"基于核心素养，落实教学评一体化建设"为主题，秉持立德树人的根本目标，聚焦课堂教学评价体系，基于外研社"十四五"职业教育国家规划教材（中等职业学校公共基础课程教材）《英语》，通过专家讲座、课例分享、专家评析等多元形式，探讨教学评一体化在中职英语课堂中的有效落实，帮助教师开拓教学思维，采取有效的教学策略来提升学生的核心素养和语言能力，引领职业教育"外语课堂改革"。

两期中职英语联合教研活动回应时代需要，响应教师发展需求，理论结合实际，帮助教师共研润物无声、潜移默化的课程思政教学课堂，为学生搭建"核心素养、多维能力、情感意识"共同发展的渐进成长模式，助推外语课堂改革与教学评一体化建设同向同行。

3.4.1.2　中职英语课堂教学探究

2023年5月12日，由中国职业技术教育学会主办，中国职业技术教育学会外语教育工作委员会、北京外国语大学中国职业外语教育发展研究中心和外研社承办的第二十八届'"说专业·说课程·说专业群·说教材'"研讨会在湖北武汉举办。研讨会以"英语教育：新理念、新逻辑、新标准"为主题，助力深化职业教育"三教"改革，增强外语教育服务专业升级和外语教育数字化转型的能力，以高质量外语教育为社会主义现代化国家建设提供人才支撑。来自全国职业教育领域的专家、学者，以及全国中高职院校的院系负责人、外语骨干教师共计2.2万人线上线下同时参会，为职业教育外语教学的改革创新凝聚新理念、构筑新逻辑、探索新标准。

在"说专业·说课程·说专业群·说教材"环节，10所中职院校的教学团队从课程设计、专业建设、教材使用等维度分享了诸多优秀教学案例。案例聚焦职业教育英语教学的新理念、新专业、新场景、新课堂，通过说课、案例展示等环节，共研新时期英语教育的新理念、新逻辑、新标准，共享先进创新理念与改革实践经验，提炼教学成果与范式，提升育人实效。

该研讨会立足时代大势，放眼未来发展，以新理念、新逻辑、新标准的探索与实践，响应中国式现代化建设的时代号召，凝聚理念共识，形成实践合力，取得丰富的会议成果，为职业教育高质量发展凝聚新智慧，贡献新力量。

3.4.2　高职外语教材教师培训

2023年，"三教"改革在职业教育领域深入推进，推动现代职业教育高质量发展。为加强职业教育师资队伍建设，持续提升教师专业能力，围绕"教法创新与提升""教材编写与使用""教师能力与素质"的一系列研讨和培训活动在全国范围内广泛开展。

3.4.2.1　高职教育外语教学改革研讨

2023年4月21日，由上海外国语大学、陕西省职业技术教育学会共同主办，西安航空职业技术学院、陕西职业技术学院协办，外教社承办的"第十七届全国职业院校外语教育与国际合作高级论坛"在西安举办。该论坛主题为"职业教育高质量发展与中国式现代化"，设主旨报告、专题报告、平行论坛三大模块，围绕职业教育高质量发展中的"三融"育人机制、"三教"改革攻坚、国际合作路径、贯通培养方案等多个分议题展开深入探讨，共商职业教育高质量发展大计，为高职教育发展注入新智慧、新动能、新活力。

5月19日—21日，由教育部职业院校外语类专业教学指导委员会指导，高教社主办的"融通·融合·融汇——2023年高等职业教育外语教学研讨会"在南昌举办。研讨会采用线上、线下并行的方式，数千名职业院校外语教师参与。会议包含三大板块，分别为"主题报告：产教融合 科教融汇""专家论坛一：以学促教 提质增效""专家论坛二：以研促教 聚力赋能"，同商新时代职业教育外语教学使命，共话"职普融通、产教融合、科教融汇"，齐研职业教育高质量发展路径。

10月23日，由教育部职业教育发展中心、教育部职业院校外语类专业教学指导委员会指导，外研社、北京外国语大学中国职业外语教育发展研究中心主办的"全国职业外语教材'三教'改革研讨会"在北京举办，共计3,000余人线上线下同时参会。该研讨会聚焦职业院校学生"不想学、不会学、学不会"这三个突出问题，参会专家在教材管理、教材研编、教材使用和教材出版等方面进行了充分探讨，分享了成功经验，为深化"三教"改革，进一步促进职业教育外语教材建设，助力职业教育高质量发展，凝聚力量，贡献智慧。

3.4.2.2　高职外语教材编写与使用研讨

2023年5月12日，由中国职业技术教育学会主办的第二十八届"'说专业·说课程·说专业群·说教材"研讨会在湖北武汉举办。会议中，中国职业技术教育学会会长、教育部原副部长鲁昕作了题为"职业教育强国：培养支撑现代化建设职教人才"的主旨报告。报告以党的二十大精神为引领，聚焦中国式现代化建设的人才需求，点明数字经济时代职业教育的新方位、新定位、新担当。基于数字经济时代对职业教育外语教育的要求，鲁昕会长梳理了国内首套"1+19"体系的高职专业英语系列教材《新时代职业英语》的策划历程和院校反响，强调职业教育外语教学要紧跟新技术迭代趋势和国家战略发展，聚焦现代化建设，以外语教育的现代化助推现代职业教育的发展，培育国际视野与数字素养兼备的生产一线精英，为中国式现代化注入强劲的"职教力量"。

3.4.2.3　高职院校外语教师发展研修

2023年7月6日—8日，外研社举办"2023年全国职业院校英语教学发展与创新研修班"暑期"云研修"。"云研修"秉持"强国、强教、强师"的理念宗旨，设计了"'产出导向法'理念与应用""课程思政教学设计"和"教师大赛与赛教融合"三个专题，通过"引领改革、开拓创新"的开班讲座、"理实结合、教研互动"的专题报告，打造互学互鉴、共研共享的研修平台。线上观摩人次近5万，全国各地的职业院校外语教师相聚云端，共同探索数字经济时代外语教育育人新范式，助力职业院校外语教育高质量发展。

教育部高等职业教育专科英语课程标准研制组组长、国家教材委员会外语学科专家委员会主任、北京外国语大学文秋芳教授在"云研修"的开班讲座上以"落实'新课标',编写新教材"为主题,深度分析如何在教材编写和实际教学中落实"新课标",全面提升育人实效。文教授强调,教师必须深刻理解"新课标"中每个学科核心素养的关键能力、必备品格和价值观念三要素,结合课程内容中的职场情境任务,围绕"职业与个人""职业与社会""职业与环境"三大主题类别展开教学,提高学生的语言沟通能力与文化素养,引领学生实现职场涉外沟通、多元文化交流、语言思维提升和自主学习完善四项学科核心素养的融合发展。

3.4.2.4　高职外语教师教学技能竞赛

2023年,多项外语教师教学技能大赛举办,来自全国各地的职业教育专家、学者及一线教师齐聚一堂,以研修促新知,以大赛促发展。2023年外研社"教学之星"大赛的主题为"外语教材的有效使用:数字赋能,创新育人",共有500多名职业院校外语教师参加。参赛教师依托精品教材,融合数字科技,以赛会友,切磋交流。第14届"外教社杯"全国高校外语教学大赛(职业院校组)同样为广大教师提供了一个展示教学风采、交流教育理念、切磋教学技艺、提高育人水平的重要舞台。教学大赛的举办为提升教师教学能力水平、巩固教师在人才培养中的重要地位、推动高校外语教师专业发展作出积极贡献。

3.4.2.5　高职外语教学虚拟教研室

2023年10月—11月,外研社与北京外国语大学中国职业外语教育发展研究中心共同推出了2023年职业教育外语教学虚拟教研室活动。该虚拟教研室分为"教材编写理念及教材设计""'产出导向法'驱动—促成—评价的设计与案例"和"外语课程思政教学"三个模块,共五期活动。通过搭建跨院校的教师发展线上共同体,推动"产出导向法"教学理论在高职外语教学中的有效应用，激发教师团队创新活力，提升外语课堂育人实效。由"产出导向法"创始人文秋芳教授领衔，"产出导向法"专家团队成员共同剖析教学设计、阐释教学流程、提出教学建议，多所职业院校在线分享教学实践经验，从理论指导到教学实践层层递进，一同研探教学新路径，拓展教育新境界。

第四章 高等学校英语教材建设

高等英语教材建设扎实推进习近平新时代中国特色社会主义思想和党的二十大精神进教材进课堂进头脑工作，服务国家发展战略与学生成才需要，体现高等学校英语课程发展与外语学科发展的最新要求，为高等外语教育落实立德树人根本任务，服务教育强国、人才强国建设提供重要支撑。教材强化价值引领，有机融入党的二十大精神，体现中国立场、中国智慧、中国价值，实现培根铸魂、启智润心；设计科学，因材施教，服务不同类型院校以及不同学段与不同学科、专业的学生学习和发展需求，助力外语教育服务"四新"建设；形态创新，依托数字技术强化数智赋能、深化纸数融合，推动高等外语教育教学向更加开放、互动和差异化的方向发展。

4.1 高等学校英语教材相关政策

2023 年 1 月，2023 年全国教育工作会议在北京召开。会议强调，要以习近平新时代中国特色社会主义思想为指导，紧紧围绕深入学习贯彻党的二十大精神这条主线，认真贯彻落实习近平总书记关于教育的重要论述，全面贯彻党的教育方针，落实立德树人根本任务，以教育强国建设为目标，以全面提高人才自主培养质量为重点，加快建设高质量教育体系，办好人民满意的教育。会议指出,要坚持不懈用习近平新时代中国特色社会主义思想铸魂育人,推动立德树人根本任务取得新的重要进展,加快建立健全促进学生身心健康、全面发展的长效机制;要着力发展支撑引领国家战略实施的高等教育,在全面提高人才自主培养质量、造就拔尖创新人才和服务区域经济社会发展、优化布局结构上先行先试,进一步加强高校分类管理的顶层设计,加快探索高校分类评价改革。

2023年2月,教育部、中国联合国教科文组织全国委员会共同举办世界数字教育大会,大会以"数字变革与教育未来"为主题。教育部部长怀进鹏在主旨演讲中指出,中国将深化实施教育数字化战略行动,一体推进资源数字化、管理智能化、成长个性化、学习社会化,让优质资源可复制、可传播、可分享,让大规模个性化教育成为可能,以教育数字化带动学习型社会、学习型大国建设迈出新步伐。

2023年2月,《教育部教师工作司2023年工作要点》(以下简称《教师工作司要点》)发布,提出对教师工作的总体要求:以习近平新时代中国特色社会主义思想为指导,紧紧围绕深入学习贯彻党的二十大精神这条主线,认真贯彻落实习近平总书记关于教育的重要论述特别是关于教师队伍建设的重要指示精神,深刻领悟"两个确立"的决定性意义,增强"四个意识"、坚定"四个自信"、做到"两个维护",全面贯彻党的教育方针,落实立德树人根本任务,深刻学习领会教育、科技、人才一体化部署要求,将教师作为教育发展的第一资源,加强师德师风建设,培养高素质教师队伍,弘扬尊师重教社会风尚,全面深化新时代教师队伍建设改革,以高质量教师队伍支撑高质量教育体系建设,为推进教育现代化、建设教育强国、办好人民满意的教育提供有力的人力资源保障。《教师工作司要点》强调,要健全高校教师发展体系,完善高校教师发展制度,加强高校教师发展中心建设。面向高校负责拔尖创新人才培养的教师开展专题培训,提升高校创新人才培养能力。开展中西部高校青年骨干教师国内访学。深入实施中西部高校青年教师专业能力发展数字化培训。支持高校教师教育师资出国访学研修。继续举办高校青年教师国情教育研修班和中小学领导人员师德师风教育示范研修班。

2023年2月，教育部等五部门发布关于印发《普通高等教育学科专业设置调整优化改革方案》（以下简称《方案》）的通知。《方案》指出，高校要加快推进一流学科建设，打破常规，服务国家重大战略需求，聚焦世界科学前沿、关键技术领域、传承弘扬中华优秀文化的学科，以及服务治国理政新领域新方向，打造中国特色世界影响标杆学科。要打破学科专业壁垒，深化学科交叉融合，创新学科组织模式，改革人才培养模式，培育优秀青年人才团队，深化国际交流合作，完善多渠道资源筹集机制，建设科教、产教融合创新平台等。《方案》还强调，要加快新文科建设。构建中国特色哲学社会科学，建构中国自主的知识体系，努力回答中国之问、世界之问、人民之问、时代之问，彰显中国之路、中国之治、中国之理。推动文科间、文科与理工农医学科交叉融合，积极发展文科类新兴专业，推动原有文科专业改造升级。强化重点领域涉外人才培养相关专业建设，打造涉外法治人才教育培养基地和关键语种人才教育培养基地，主动服务国家软实力提升和文化繁荣发展。推进文科专业数字化改造，深化文科专业课程体系和教学内容改革，做到价值塑造、知识传授、能力培养相统一，打造文科专业教育的中国范式。

2023年3月，《教育部高等教育司2023年工作要点》（以下简称《高等教育司要点》）发布，指出要以习近平新时代中国特色社会主义思想为指导，全面贯彻、落实党的二十大精神，把握高等教育发展的新定位、新部署、新要求、新任务，加快新工科、新医科、新农科、新文科建设，以高等教育强国建设为目标，以全面提高人才自主培养质量为主线，以深入推进高等教育综合改革试点为抓手，探索构建中国式高等教育发展模式，更好服务国家区域经济社会发展。《高等教育司要点》指出，要加快高等教育数字化转型，打造高等教育教学新形态。加强国家高等教育智慧教育平台建设，拓展平台内容，完善平台功能，建好内容丰富、服务高效的高等教育综合服务平台。

《高等教育司要点》还指出，要加强课程思政高质量建设，推动形成育人新成效。发展大学生文化素质教育，深入挖掘各类专业课程和教学方式中蕴含的思想政治教育资源，破解课程思政"表面化""硬融入"问题。结合专业特点分类推进课程思政建设，将党的二十大精神有机融入相关专业课程。细化普通本科专业类课程思政教学指南，完善专业类、专业、课程不同层面课程思政教学重点。推进课程思政优质资源数字化转化和共享，用好示范项目和数字化资源，开展相关课程任课教师培训，提升教师课程思政教学能力。《高等教育司要点》为高等外语教育的发展指明了方向，并为高等教育数字化转型、课程思政建设高质量发展等提供了思路。

2023年3月，第七届全国高等学校外语教育改革与发展高端论坛在北京召开。会上，教育部高等教育司相关负责同志指出，建设教育强国，外语教育应从五个方面发力，全面提高外语人才自主培养质量。一是创新推动外语教育课程思政建设。全面推进落实"三进"工作，应抓课程、抓教材、抓师资、抓实践，通过将《习近平谈治国理政》全面融入外语专业核心课程、全面推广使用"理解当代中国"系列教材、建好"理解当代中国"虚拟教研室、鼓励学生积极参与"理解当代中国"全国大学生外语能力大赛等方式，创新外语教育课程思政建设。二是在"四新"建设中推进外语教育创新。以"新文科"建设为引领，通过组织模式、培养机制、内容方法、理论实践创新，带动提升外语人才培养质量。三是聚焦关键领域涉外人才培养。通过研制加强关键领域涉外人才培养工作方案等举措整体谋划，坚持目标导向推进涉外人才分类培养。四是打造面向新时代的外语核心课程体系，探索建构中国自主外语教育知识体系。五是以数字化构建外语教育新形态。建设数字学习资源，赋能学习新形态，开发数字教学资源，创新教研新形态。

2023年5月，习近平总书记在中共中央政治局第五次集体学习时强调，要坚持把高质量发展作为各级各类教育的生命线，加快建设高质量教育体系。建设教育强国，龙头是高等教育。要把加快建设中国特色、世界一流的大学和优势学科作为重中之重，大力加强基础学科、新兴学科、交叉学科建设，瞄准世界科技前沿和国家重大战略需求推进科研创新，不断提升原始创新能力和人才培养质量。习近平总书记强调，强教必先强师。要把加强教师队伍建设作为建设教育强国最重要的基础工作来抓，健全中国特色教师教育体系，大力培养造就一支师德高尚、业务精湛、结构合理、充满活力的高素质专业化教师队伍。

2023年7月，教育部发布关于第二批国家教材建设重点研究基地认定结果的通知，认定北京外国语大学、上海外国语大学申报的大中小学外语教材研究基地等14个基地为第二批国家教材建设重点研究基地。2023年9月，教育部第二批国家教材建设重点研究基地工作交流会在北京外国语大学举行。会议强调，党的二十大对加强教材建设和管理作出新的部署，对国家教材基地建设提出六点要求：一要加强认识定位，深刻领会设立国家教材重点研究基地的重要意义；二要提高政治站位，用习近平新时代中国特色社会主义思想铸魂育人；三要夯实研究基础，努力把握教材建设规律；四要强化咨询指导服务，及时回应国家需求和群众关切；五要关注数字赋能，推动教材形态变革；六要汇聚各方力量，不断提升队伍专业水平。

2023年11月，教育部办公厅发布关于印发《"十四五"普通高等教育本科国家级规划教材建设实施方案》（以下简称《实施方案》）的通知。《实施方案》提出，要深入推进习近平新时代中国特色社会主义思想进教材，强化教材育人理念，为培养担当中华民族伟大复兴大任的时代新人提供坚实支持。根据高等教育普及化阶段多样化人才需求，完善教材分类建设、分类使用、分类评价机制，克服教材结构与内容同质化倾向，实现本科教材特色和高质量发展。《实施方案》强调，要推动高校对使用时间长、影响范围广、师生认可度高的优秀教材建立传承创新机制，组建老中青结合的教材建设梯队，创新编写理念，更新内容形态，培育和打造一批具有典范性、权威性、创新性的经典传承教材，不断提升经典教材的生命力和影响力。《实施方案》指出，要探索建设一批示范性新形态教材，充分利用新一代信息技术，整合优质资源，创新教材呈现方式，提升教材新技术研发能力和服务水平，以数字教材为引领，建设一批理念先进、规范性强、集成度高、适用性好的示范性新形态教材，探索构建灵活、开放、规范的新形态教材建设与管理运行机制。根据《实施方案》，到2025年，教育部"十四五"本科规划教材重点立项建设1,000种左右，遴选5,000种左右，加快自主知识体系与教材体系建设，着力打造中国特色、世界水平的高质量教材体系，为高等教育强国建设提供坚实支撑。《实施方案》的印发对教材体系建设提出了新的要求，为着力打造中国特色、世界水平的高质量教材体系指明了路径。

2023年11月，《教育部办公厅关于开展第三批国家级一流本科课程认定工作的通知》发布，对第三批国家级一流本科课程提出四方面申报推荐原则，包括：质量为本、注重创新、分类推荐、优化结构。其中，"质量为本"原则强调严把政治关、学术关、质量关，注重课程思政效果，重点考察课程高阶性、创新性和挑战度，坚持优中选优、宁缺毋滥，确保认定课程经得住检验，起到良好示范推广作用；"注重创新"原则强调鼓励产教融合、科教融汇，支撑拔尖创新人才培养和"四新"建设，进一步落实国家教育数字化战略行动，注重在课程设计、教学内容、教学方法、评价形式上的创新，强调对学生能力、素质的培养，关注创新理念在教学过程中的落实及课程的应用和示范情况。

2023年12月，教育部部长怀进鹏在《人民日报》"认真学习宣传贯彻党的二十大精神"专栏撰文《加快建设教育强国》。怀进鹏部长指明了新时代加快建设教育强国的总体方向和五项重点任务，其中，关于深化教育领域综合改革，怀进鹏部长指出，建设教育强国，必须继续破解深层次体制机制障碍，不断把制度优势更好转化为治理效能。重点是加强教材建设和管理，全面落实教材建设国家事权，完善学校管理和教育评价体系，健全学校家庭社会育人机制，更加重视儿童青少年的体育、美育、劳动教育、心理健康教育。

4.2 高等学校英语教材出版概况

4.2.1 大学英语教材

2023年是全面贯彻落实党的二十大精神的开局之年。全国教育工作以习近平新时代中国特色社会主义思想为指导，紧紧围绕贯彻党的二十大精神这条主线，认真贯彻落实习近平总书记关于教育的重要论述，全面贯彻党的教育方针，落实立德树人根本任务，以教育强国建设为目标，以全面提高人才自主培养质量为重点，持续深化"四新"建设与教育数字化变革，加快建设高质量教育体系。高等教育作为教育、科技、人才"三位一体"的结合点和科技创新、人才培养的主力军，在教育强国建设中肩负着重要使命，发挥着龙头作用，应服务国家发展战略全局，主动超前布局，有效应对变局，奋力开拓新局。在这一时代背景下，大学英语教材建设工作者识势求变，不断创新，编写出版多种大学英语新品教材，有效推进中国特色高质量教材体系建设，为全面提高人才自主培养质量、加快建设高质量教育体系提供有力支撑。

1) 贯彻党的二十大精神，彰显中国文化

鉴于大学英语课程面向所有非英语专业的广大学生群体，在落实立德树人根本任务中发挥重要作用，教材编写者积极响应"党的二十大精神进教材"号召，注重以文化人、以文育人，将显性表述与隐性渗透相结合，充分反映中国立场、中国智慧、中国价值，实现培根铸魂、启智润心。

在通用英语课程方面，多套改版教材通过革新编写理念、调整选文素材、优化板块结构、改进练习设计等方式反映中央最新精神。外研社全新推出《新视野大学英语 读写教程》（第四版）、《新标准大学英语 综合教程》（第三版）、《大学英语听说教程》（第二版），在话题素材、练习设计、单元任务中融入党的二十大精神与社会主义核心价值观等关键议题，还专设中国文化板块，集中讲述中国故事，增强学生文化自信；其中，《新标准大学英语综合教程》（第三版）以扎根中国本土的原创外语教学理论"产出导向法"为特色，以期有效解决中国大学英语教学中学用分离的痛点。外教社以习近平新时代中国特色社会主义思想为指导，修订出版《全新版大学进阶英语综合教程》（第二版），注重选材的时代性，努力塑造可爱、可敬、可信的中国形象，深入挖掘和补充课程中蕴含的思政资源。复旦大学出版社推出《21世纪大学英语读写教程》（S版），选材上更注重增加体现当代中国时代特色、科技创新、文化传承等的内容，并增设 Inspirational Quotes 板块，呈现中国智慧及国内外励志名言，以期达到铸魂育人效果。

在跨文化交际课程方面，教材更加聚焦中国话题，深入探索中国文化，讲述中国故事。外教社全新出版《中国文化英语综合教程》，选材体现讲仁爱、重民本、守诚信、崇正义、尚和合、求大同的思想精华和时代价值，同时通过"知识+技能"的融合传授，全面提升学生英语综合应用能力，助力中国文化传播。清华大学出版社出版《读懂中国：英语视听说教程》，围绕中国高等教育国际化、世界遗产在中国和绿色中国等主题展开，培养学生中国文化的英语表达能力。

2） 数智赋能教学，拓展教材边界

数字技术的迅猛发展对大学英语教材建设的影响愈发显著。教材编写者因时而动，尝试突破传统纸质教材的物理边界、学科边界和编研定式，在新形态教材研发、智慧教学场景构建等方面积极探索，成效显著。

外研社推出的《新视野大学英语》（第四版）和《新标准大学英语》（第三版）充分体现出信息技术变革力量，教材均配备 U 校园智慧教学云平台3.0（以下简称"U 校园3.0"），实现纸质教材与数字产品的深度融合与高效协同。U 校园3.0 新增在线交互式课件，包含灵活交互的教材内容、多样实用的课堂互动工具，并联通丰富时新的教学资源库，支持教师对教材内容进行个性化调整，拓展传统教材的外延；创新性打造数字人"子言"作为课程"助教"，为学生提供全流程导学伴学，打破教与学的传统边界，构建沉浸式、个性化、交互式智慧学习体验。

外教社全新出版《领航大学英语 综合教程》，依托 WE Learn 智慧教育平台实施全流程形成性评价，支持教师向学生展示课程目标、评价标准及教学计划，并通过签到、投票、分组讨论、随堂测验等多种课堂互动形式和课程练习讲解、难点作业讲解、教学素材演示等多种授课工具，实时追踪和反馈学生的学习行为及表现，促进有效学习发生；平台还鼓励以教研组为单位备课，同一教研组的教师共同研讨教学计划，评估教学方案，共享教学素材。

高教社依托国家级线上一流本科课程出版《思辨式英文写作》《国际交流实用英文写作》等一系列配套慕课的新形态教材。教材采用多层次、菜单式内容设计，学习者可通过教材内容模块旁的提示，观看相应的教学视频和慕课课程章节，也可以登录中国大学 MOOC（慕课）平台，加入相关课程开展学习，满足多元化、移动化、碎片化、自主性的学习需求。中国人民大学出版社出版的《跨境电商英语》提供各大跨境电商平台的文字版操作步骤与操作界面图片展示，学习者可扫描教材中的二维码了解动态实操视频，实现语言教学与行业工作内容的有效对接。

3) 服务高质量发展，分类培养人才

面向国家高等教育高质量体系建设要求，在"四新"建设不断深化、科教协同和产教融合育人不断强化的背景下，多种针对不同细分学科、专业、行业和应用场景的教材全新出版，契合新时期人才能力新要求，助力人才的分类培养。

针对不同学科领域人才培养，多套大学英语教材聚焦军事、理工、医学、农学等专业发展方向。面向本科教育，外研社推出《军事英语听说教程》（新版），聚焦听说能力训练，以真实生动的素材、地道实用的语言培养军事思维，强化军事英语交流能力；复旦大学出版社出版《21 世纪大学理工英语 基础级》，对标"新工科"建设，对接英语能力与理工科专业的适应性需要，满足相关专业学生的英语学习需求；清华大学出版社推出《医学学科英语》，内容设计兼顾科普性、学术性、人文性、趣味性和前瞻性，全面培养学生医学学术英语技能。面向研究生教育，中国人民大学出版社继续扩充"21世纪实用研究生英语系列教程"，出版《农业科技英语听力教程》等新品，基于学科关键领域和前沿动态培育专项产出能力；外教社持续完善"新编研究生英语系列教材"，推出《学术英语视听说》《英语学术论文写作与发表》等新品，培养学生通用学术英语能力，提升学术素养。

商务职场英语教材建设方面，多套教材积极探索编写新思路，关注应用型、复合型、创新型人才培养。外研社全新推出《国际人才英语教程》（高级），基于国家对国际人才的需求，以"产出导向法"和"体验式学习"为设计理念，创设职场情境和主角人物，帮助学生体验真实职场，提升人才核心能力；外教社更新扩充"成功职场英语系列"，针对商务、人文、理工、空乘等细分职场领域出版新品，将语言知识学习和专业技能培养融入真实职业场景，为学生未来的职业发展打下坚实基础。

表4.1 2023年大学英语教材出版一览表

课程类型	教材名称	主编	出版社	出版时间
通用英语课程	新视野大学英语 读写教程（第四版）1-4	郑树棠	外语教学与研究出版社	2023年3月
	新标准大学英语 综合教程（第三版）1-4	文秋芳	外语教学与研究出版社	2023年3-5月
	新编大学应用英语 综合教程2-3	祁颖	外语教学与研究出版社	2023年3-8月
	大学英语听说教程（第二版）1-4	陈向京	外语教学与研究出版社	2023年3-5月
	领航大学英语 综合教程1-3	刘建达	上海外语教育出版社	2023年3-8月
	新时代大学应用英语 综合教程4	胡开宝	上海外语教育出版社	2023年6月

（待续）

（续表）

课程类型	教材名称	主编	出版社	出版时间
通用英语课程	新时代大学应用英语 视听说教程4	李京平	上海外语教育出版社	2023年6月
	全新版大学进阶英语 综合教程（第二版）1-2	李荫华	上海外语教育出版社	2023年8月
	21世纪大学艺术英语 视听说教程3	张静雯	复旦大学出版社	2023年3月
	21世纪大学艺术英语 视听说教程4	龙飞	复旦大学出版社	2023年3月
	21世纪大学理工英语 基础级1	赵丹	复旦大学出版社	2023年7月
	21世纪大学理工英语 基础级2	张冰天	复旦大学出版社	2023年8月
	21世纪大学英语 读写教程（S版）1	翟象俊等	复旦大学出版社	2023年8月
	新愿景（New Vision）音体美专业大学英语听说教程 上	刘亚龙	复旦大学出版社	2023年5月
	新思维大学英语（思政版）视听说教程1-2	顾世民	复旦大学出版社	2023年6月
	思辨式英文写作	唐磊、李霞	高等教育出版社	2023年3月
专门用途英语课程	英语通识阅读教程 文学篇	郭乙瑶、林敦来	外语教学与研究出版社	2023年4月
	英语通识阅读教程 心理篇	郭乙瑶、林敦来	外语教学与研究出版社	2023年4月
	军事英语听说教程（新版）	王传经等	外语教学与研究出版社	2023年8月
	国际人才英语教程 高级	袁艺舟	外语教学与研究出版社	2023年10月
	成功职场英语系列 职场英语（第2版）	甘静雯	上海外语教育出版社	2023年7月

（待续）

（续表）

课程类型	教材名称	主编	出版社	出版时间
专门用途英语课程	成功职场英语系列 商务职场英语（第2版）	王洪强、徐晓艳	上海外语教育出版社	2023年7月
	成功职场英语系列 人文职场英语（第2版）	周 静、吴 非	上海外语教育出版社	2023年9月
	成功职场英语系列 理工职场英语（第2版）	方 芳、韦瑶瑜	上海外语教育出版社	2023年10月
	成功职场英语系列 空乘英语	陈 方	上海外语教育出版社	2023年10月
	新时代大学人文社科学术英语 综合教程（下）	文 旭	上海外语教育出版社	2023年9月
	农业英语	聂庆娟、邹秋娟	复旦大学出版社	2023年2月
	生态英语基础教程	饶耀平	复旦大学出版社	2023年7月
	大学学术英语写作教程	刘艳芹、程璐璐	复旦大学出版社	2023年7月
	21世纪大学英语应用型电子信息英语教程	任雪花、李 游	复旦大学出版社	2023年9月
	21世纪大学实用行业英语综合教程（第二版）	姜荷梅、叶利华	复旦大学出版社	2023年11月
	珠宝首饰英语	李鸿杰、范光宇	复旦大学出版社	2023年11月
	科技语篇阅读与翻译	王均松、陈 洁、崔维霞	清华大学出版社	2023年5月
	商务职场沟通英语	刘 畅	清华大学出版社	2023年6月
	医学学科英语	刘佳佳等	清华大学出版社	2023年8月
	普通高等学校应用型教材·国际贸易 跨境电商英语	张 梅、吴月珍、曹广涛	中国人民大学出版社	2023年4月

（待续）

（续表）

课程类型	教材名称	主编	出版社	出版时间
跨文化交际课程	中国文化英语综合教程 上、下	肖维青、马乐东	上海外语教育出版社	2023年8月
	国际交流实用英文写作	胡志雯	高等教育出版社	2023年11月
	大学英语跨文化交流案例教程	张喜华、严姣兰	清华大学出版社	2023年6月
	读懂中国：英语视听说教程	彭静、盛荔	清华大学出版社	2023年8月
	高级实用英语系列教材 新编大学英语跨文化交际教程	杨晓萍、刘富丽	中国人民大学出版社	2023年2月
研究生英语课程	新编研究生英语系列教材 英语学术论文写作与发表	徐玉臣	上海外语教育出版社	2023年4月
	新编研究生英语系列教材 跨文化交际（第2版）	许力生	上海外语教育出版社	2023年6月
	新编研究生英语系列教材 学术英语视听说	戴劲、汪洁	上海外语教育出版社	2023年10月
	研究生学术英语综合教程	孙庆祥、郭骅、夏威	复旦大学出版社	2023年7月
	学术英语文献阅读与综述	田园等	清华大学出版社	2023年3月
	通用学术英语综合教程：思辨与国际学术交流	熊红萍、潘兴惠	清华大学出版社	2023年8月
	新编研究生英语听说教程	陈尧、宋红波	清华大学出版社	2023年9月
	21世纪实用研究生英语系列教程 农业科技英语听力教程	毛晓霞、赵轶洁	中国人民大学出版社	2023年1月
	21世纪实用研究生英语系列教程 医学院校研究生英语读与写（第四版）	卢凤香等	中国人民大学出版社	2023年2月
	21世纪实用研究生英语系列教程 新编MBA英语综合教程（第二版）	王慧莉、崔淼、曹硕	中国人民大学出版社	2023年8月

4.2.2 英语类专业教材

2023年是全面贯彻落实党的二十大精神的开局之年，习近平新时代中国特色社会主义思想和党的二十大精神进教材进课堂进头脑工作持续推进，立德树人根本任务取得新的重要进展。10月，在全国宣传思想文化工作会议上，习近平总书记提出"七个着力"，再次明确提出要着力加强国际传播能力建设、促进文明交流互鉴，进一步为高等外语教育指明方向。教材是国家事权，是育人育才的重要依托，直接影响到教育改革成效和人才培养质量。2023年，英语类专业教材持续服务国家发展战略，践行思政育人使命，突出国际传播能力培养，持续推动学科交叉融合与数字技术应用，助力构建中国特色高质量教材体系，为全面提高人才自主培养质量提供有力支撑，体现出如下特点。

1） 服务国家战略，着重培育国际传播能力

加强国际传播能力建设，全面提升国际传播效能，形成同我国综合国力和国际地位相匹配的国际话语权，中国高等外语教育使命在肩。英语类专业教材建设服务国家战略，全面助力培养立场坚定、掌握语言、理解文化、通晓规则的新时代国际传播人才，更好地满足国家对国际传播人才的需求。

首先，在中国文化"走出去"的背景下，各出版机构积极响应从"翻译世界"到"翻译中国"这一转变，打造一系列精品翻译教材。在翻译理论方面，外研社出版的《翻译学概论》遵循理论与实践结合、描述与解释并重、国外与国内互补等原则，以翻译实践为基点，系统梳理古今中外翻译研究的发展脉络，特别囊括中国翻译史梳理，助力中国翻译理论话语构建。外教社出版的《汉英翻译实践》立足中国社会文化立场，选取反映当代中国政治、经济、社会、文化、科技发展变化的译例资源，侧重汉译外翻译人才培养，同时提升学生的人文素养和爱国意识。

其次，各教材更加注重提升学生的口语表达和演讲能力，切实提高学生传播中国、展示中国、塑造中国的能力。外研社出版的《现代大学英语 口语》(第三版)体系科学合理,由日常交际逐步过渡到演讲、辩论,主题涵盖中国文化、中国节日、中国医学等多个领域,展示用英语讲述中国的范例,增强学生文化自信。中国人民大学出版社出版的《英语口语教程(上册)》(第二版)融综合技能训练、文化学习与批判性思维的培养为一体;《英语演讲技巧与实践》在演讲案例选取方面沿用经典、紧跟时代、融入思政,在帮助学生提升演讲能力的同时,铸牢其中华民族共同体意识。北京大学出版社出版的《新编英语专业口语教程4》(第三版)注重综合演练,口语情境贴近生活,同时融入中国文化相关内容;《英语演讲》(第二版)针对中国学生的特点全面介绍了英语演讲——从话题选择到主题确定,从演讲结构到演讲内容,从演讲类型到演讲技巧,内容丰富,深入浅出。

2) 深化思政育人,创新中国特色教材体系

教育是国之大计、党之大计。培养什么人、怎样培养人、为谁培养人是教育的根本问题,也是建设教育强国的核心课题。英语类专业教材全面贯彻党的教育方针,落实立德树人根本任务,坚持不懈用习近平新时代中国特色社会主义思想铸魂育人。

外研社出版的《应用英语教程》包括综合英语和视听说两个子系列,教材将人文性与应用性相结合,有机融入高质量发展中应用广泛、带动力强的科技、教育、经济、文化领域话题,通过丰富的视听资源、课文选篇及活动设计,引领学生成为有家国情怀、有全球视野、有专业本领的复合型外语人才。

外教社出版的《新世纪高等院校英语专业本科生系列教材(修订版):英语阅读》关注中国题材,凸显中国元素。该教材通过对中外文化进行分析、比较,增强学生对祖国文化的认同;在选材和活动设计上,着力培养学生分析问题、解决问题的能力,提高学生的思辨能力和科学素养,培养学生健康向上的人生观。

中国人民大学出版社的"新视界商务英语系列教材"包括综合商务英

语、商务英语阅读、商务英语视听说等子系列，教材在提升学生商务知识与素养的同时，呈现优秀的中国文化和世界文化元素，如筷子与刀叉文化、李白与华兹华斯、长城与金字塔等，帮助学生汲取文化精髓，讲好中国故事。

北京大学出版社出版的《中国文化（英文版）》（第3版）和中国人民大学出版社出版的《中华文化探源》（英文版）聚焦中国优秀传统文化，培养学生的民族自豪感，陶冶审美情操，弘扬中华传统文化中的人文精神。

3) 培养多元能力，交叉融通助力新文科建设

新文科建设是高等教育高质量发展的重要组成部分，加快新文科建设要通过理论创新和人才培养模式改革，促进学科建设和人才培养协同发展。在此背景下，各出版机构为适应新文科建设与发展的需求，持续开展教材建设探索，充分发挥学科交叉特色，助力建设高质量教育体系，有力支撑新文科背景下国际化复合型外语人才培养。

在英语专业领域，教材出版注重从传统文科课程向跨学科方向课程转变。各出版机构积极探索国别与区域方向课程教材，为服务国家战略、培养参与全球治理的国别区域人才提供支撑。例如，中国人民大学出版社的《英语国家概况》（第二版）新增英国脱欧、英美国家外交政策、中美贸易外交关系变化等内容，同时增加中外对比视角，培养批判性思维。北京大学出版社的《英美社会与文化》（英文版）从不同方面介绍英国和美国的社会与文化现象，并通过活动练习引导学生透过社会表象了解英美文化核心。

在商务英语专业领域，教材开发融合多元文化，立足职场实践，聚焦商务礼仪、商务谈判、跨境电商、国际贸易等领域，旨在培育具有全球视野、通晓国际规则、精通中外谈判和沟通的复合型、应用型外语人才。例如，外研社出版的《新标准商务英语阅读教程 1》注重商务主题的多样性和系统性，涵盖前沿国际商务信息和社会热点，有机融通学生的语言能力和商务素养；《跨文化商务交际导论》从跨文化交际理论体系、商务专业能力和国别与区域文化知识三个维度构建"三位一体"培养模式，系统提升学生的跨文化商务交际意识与能力。中国人民大学出版社出版的《跨境电

商英语》围绕跨境电商业务流程，提供真实场景沉浸式体验，将国家发展、地方特色经济等与跨境电商专业的学习进行了深度融合。

在翻译专业领域，教材开发注重不同学科之间的交叉融通，凸显专题特色，培育学生的跨领域知识融通能力和翻译实践能力，助力传统文科教育向新文科教育转型。例如，外研社出版的《应用翻译教程》介绍了科技、法律、旅游等多领域的实用文体的语篇特点，将技巧讲解贯穿于翻译实践中，帮助学习者掌握不同文体的语言风格、翻译策略和翻译原则，提升翻译能力。外教社出版的《实用翻译教程：英汉互译》（第 4 版）在原有基本译法、成语翻译、修辞翻译、文体翻译的基础上，增加了扩展视野、研究方向交叉、教学与研究新技术的内容。北京大学出版社出版的《影视翻译与制作》、对外经济贸易大学出版社出版的《经贸英语口译实训教程》（第二版）和《工科英语口语与口译教程》等教材分别聚焦不同类型翻译能力的提升，助力培养能够胜任各行业口笔译语言服务及国际交流工作的翻译人才。

4） 对接时代需求，推动经典教材改版升级

2023 年，英语类专业教材坚持传承与发展相统一，在保持原教材优质内容的基础上创新编写理念、优化内容设计，体现学科和行业发展的新成果，并配以数字化教学资源，赋予经典教材新的生命力，有效服务英语类专业教学改革与发展。

一方面，各出版机构积极更新和优化经典教材内容，体现国家对人才培养的新要求。外研社基于经典英语口语教材《英语口语教程》（初级），改版并推出《新编英语口语教程》（初级）。该教材话题更加多元、更具时代特色，选材兼顾中西视角，为学生提供系统、实用、有效的英语口语训练。此外，为满足新时代应用语言学教学与研究的新需求，外研社推出《应用语言学研究方法与论文写作》（第二版），广泛吸收国内外最新研究成果，全面梳理应用语言学的发展历程和前沿动态，助力师生教与学。外教社出版的《新世纪高等院校英语专业本科生系列教材（修订版）：阅读教程》（第

3版）提升了语料的时代性，融入中国元素和中西方文化对比，突出价值引领，进一步提升学生用英语讲好中国故事的能力。对外经济贸易大学出版社出版的《商务英语阅读》（第二版）纳入了虚拟经济、大数据、电子商务等诸多商务领域新兴话题，内容与时俱进，使教材更贴合教学的实际需求。

另一方面，教材在改版过程中注重与数字技术相结合，丰富数字资源的内容与形态，满足多样化需求，实现智慧教学与智慧学习，引领外语教育与人才培养不断创新。例如，外研社出版的《现代大学英语 精读5-6》（第三版）依托"外研阅读（大学版）"平台，提供中国人文经典著作和外国文学经典著作的电子书，学生可通过查词、笔记、听书等功能实现自主阅读，同时，教师可以设置管理功能，检测学生阅读效果。高教社出版的《英国文学选读》（第五版）将慕课"英国小说"的内容与教材内容紧密结合，促进学生对教材的深入理解，同时通过"拓展阅读"提供线上阅读参考资源，打造立体的学习时空，体现了技术赋能教学的发展趋势。

表4.2 2023年英语类专业教材出版一览表

课程类型	教材名称	主编	出版社	出版时间
综合英语课程	现代大学英语 精读5-6（第三版）	梅仁毅	外语教学与研究出版社	2023年2月
	应用英语教程综合英语4	薛家宝	外语教学与研究出版社	2023年1月
	新国标英语专业核心教材 综合教程4	王俊菊	上海外语教育出版社	2023年7月
英语视听说课程	应用英语教程视听说2-3	钟莉莉	外语教学与研究出版社	2023年1-7月
	新思路英语专业系列教材 视听说教程2-3	侯艳萍、刘宝权	上海外语教育出版社	2023年2-9月

（待续）

（续表）

课程类型	教材名称	主编	出版社	出版时间
英语视听说课程	英语听力教程 学生用书 1-2（第四版）	张锷	高等教育出版社	2023 年 4-8 月
	新文科英语系列教材 科技英语视听教程	赵亮	对外经济贸易大学出版社	2023 年 5 月
英语口语教程	现代大学英语 口语 3（第三版）	龚雁	外语教学与研究出版社	2023 年 8 月
	新编英语口语教程（初级）	吴祯福	外语教学与研究出版社	2023 年 11 月
	21 世纪英语专业系列教材 新编英语专业口语教程 4（第三版）	齐乃政	北京大学出版社	2023 年 3 月
	全人教育英语专业本科系列教材 英语口语教程 上册（第二版）	刘世英、薛静	中国人民大学出版社	2023 年 8 月
英语演讲与辩论课程	英语演讲（第二版）	陶曦等	北京大学出版社	2023 年 3 月
	高级实用英语系列教材 英语演讲技巧与实践	张玫等	中国人民大学出版社	2023 年 8 月
英语阅读课程	新世纪高等院校英语专业本科生系列教材（修订版） 阅读教程（第 3 版） 1-2	蒋静仪、巫喜丽	上海外语教育出版社	2023 年 9-10 月
	新世纪高等院校英语专业本科生系列教材（修订版） 英语阅读 4	赵文书、王守仁	上海外语教育出版社	2023 年 5 月
	理工院校英语专业核心教材 阅读教程 3 建筑英语阅读	杨小虎	上海外语教育出版社	2023 年 2 月
	美英报刊阅读教程（中级精选本）（第六版）	端木义万、郑志恒	北京大学出版社	2023 年 8 月
	新文科英语系列教材 新文科英语泛读：学科入门	杨子	对外经济贸易大学出版社	2023 年 5 月
	全人教育英语专业本科教材系列 跨文化思辨阅读教程（生活篇）	文旭	中国人民大学出版社	2023 年 7 月
英语写作课程	新世纪高等院校英语专业本科生系列教材（修订版） 写作教程（第 3 版） 1	徐永、邹申	上海外语教育出版社	2023 年 4 月

（待续）

（续表）

课程类型	教材名称	主编	出版社	出版时间
英语写作课程	新世纪高等院校英语专业本科生系列教材（修订版）写作教程（第3版）2	张艳莉、邹申	上海外语教育出版社	2023年7月
	高级实用英语系列教材 英语句子写作：从语法到修辞	赵以、林燕、陈曦	中国人民大学出版社	2023年4月
研究方法与学术写作课程	新经典高等学校英语专业系列教材 应用语言学研究方法与论文写作（第二版）	文秋芳	外语教学与研究出版社	2023年5月
	新经典高等学校英语专业系列教材 新编应用语言学研究方法与论文写作	文秋芳、林琳	外语教学与研究出版社	2023年10月
	英语专业毕业论文写作指南	黄建滨	浙江大学出版社	2023年6月
英语语法课程	新世纪高等院校英语专业本科生系列教材（修订版）新编英语语法教程（第6版）	章振邦	上海外语教育出版社	2023年2月
中国文化概要课程	中国文化（英文版）（第3版）	常俊跃、霍跃红、王焱	北京大学出版社	2023年10月
	高级实用英语系列教材 中华文化探源（英文版）	刘陈艳	中国人民大学出版社	2023年5月
语言学方向课程	第二语言习得导论（英文版）（第二版）	沈昌洪等	北京大学出版社	2023年7月
文学方向课程	英国文学选读（第五版）	王守仁	高等教育出版社	2023年4月
	新编美国文学经典作品选读	叶春莉	北京大学出版社	2023年9月
	高级英语选修课系列教材 当代西方文艺批评理论要义（第二版）	陈世丹等	中国人民大学出版社	2023年9月
	全人教育英语专业本科教材系列 济慈诗歌全译（英汉对照本/下）	李宗宏	中国人民大学出版社	2023年10月
国别和区域研究方向课程	英美社会与文化（英文版）	董晓波	北京大学出版社	2023年10月
	美国国情：美国历史文化（第三版）	常俊跃、夏洋、赵永青	北京大学出版社	2023年10月

（待续）

（续表）

课程类型	教材名称	主编	出版社	出版时间
国别和区域研究方向课程	展望（Prospect）高等院校英语专业系列精品教材 英美历史文化概况（英文版）(第二版)	董晓波	对外经济贸易大学出版社	2023年1月
	全人教育英语专业本科教材系列 英语国家概况（第二版）	谢世坚	中国人民大学出版社	2023年1月
翻译专业课程	外国文学经典汉译评析系列教材 英国文学经典汉译评析	郭国良	外语教学与研究出版社	2023年5月
	高等学校翻译专业本科教材 应用翻译教程	彭萍	外语教学与研究出版社	2023年8月
	外国语言文学学科核心课程系列教材 翻译学概论	许钧、穆雷	外语教学与研究出版社	2023年11月
	新世纪高等院校英语专业本科生系列教材（修订版） 汉英翻译实践	陈浪、谢瑾	上海外语教育出版社	2023年8月
	新世纪高等院校英语专业本科生系列教材（修订版） 口译教程（第3版）	杨柳燕、韩潮	上海外语教育出版社	2023年9月
	新世纪高等院校英语专业本科生系列教材（修订版） 实用翻译教程：英汉互译（第4版）	冯庆华	上海外语教育出版社	2023年9月
	翻译专业本科生系列教材 视译教程	陈菁、赵肖	上海外语教育出版社	2023年9月
	手语系列教材 高级手语翻译教程	肖晓燕	上海外语教育出版社	2023年2月
	21世纪英语专业系列教材·新世纪翻译系列教程 口译进阶教程：通用交传（第二版）	梅德明	北京大学出版社	2023年5月
	21世纪英语专业系列教材·新世纪翻译系列教程 口译进阶教程：联络陪同（第二版）	梅德明	北京大学出版社	2023年12月
	影视翻译与制作	顾铁军	北京大学出版社	2023年1月

（待续）

（续表）

课程类型	教材名称	主编	出版社	出版时间
翻译专业课程	高等院校基于工作过程的校企合作系列教材 经贸英语口译实训教程（第二版）	陈贞、曾元胜	对外经济贸易大学出版社	2023 年 1 月
	新文科英语系列教材 工科英语口语与口译教程	王冰	对外经济贸易大学出版社	2023 年 8 月
	新英汉口译实战案例	朱巧莲等	同济大学出版社	2023 年 10 月
商务英语专业课程	新标准商务英语阅读教程 1	卢珊、贾蕃	外语教学与研究出版社	2023 年 8 月
	跨文化商务交际导论	刘丹	外语教学与研究出版社	2023 年 11 月
	新世纪商务英语专业本科系列教材（第二版） 国际商务礼仪简明教程	李琳	上海外语教育出版社	2023 年 2 月
	21 世纪英语专业系列教材 商务英语函电（第二版）	吴雯、吴含	北京大学出版社	2023 年 9 月
	初级商务英语口语教程	赵琦、陈慧	安徽大学出版社	2023 年 4 月
	商务英语教程：国际商务谈判英语口语	刘道影、徐托	东华大学出版社	2023 年 1 月
	教学型本科院校商务英语系列教材 商务英语翻译（第三版）	董晓波	对外经济贸易大学出版社	2023 年 1 月
	新国标应用型本科商务英语系列教材 商务英语口语（第二版）	甘姝姝、段玲琍	对外经济贸易大学出版社	2023 年 3 月
	新国标应用型本科商务英语系列教材 跨文化交际实训（双语）（第二版）	刘重霄、刘丽	对外经济贸易大学出版社	2023 年 3 月
	新国标应用型本科商务英语系列教材 商务英语翻译（第二版）	郭晓燕	对外经济贸易大学出版社	2023 年 3 月
	新国标应用型本科商务英语系列教材 商务英语阅读（第二版）	卢长兰、阮岳湘、孔宪遂	对外经济贸易大学出版社	2023 年 5 月

（待续）

（续表）

课程类型	教材名称	主编	出版社	出版时间
商务英语专业课程	新国标应用型本科商务英语系列教材 商务谈判实训（双语）（第二版）	廖国强、艾湘华	对外经济贸易大学出版社	2023 年 9 月
	高等院校基于工作过程的校企合作系列教材 实用商务英语口语教程（第三版）	赵秀丽、刘丽妍	对外经济贸易大学出版社	2023 年 7 月
	读易应用型本科系列教材 新编国际贸易英语	黎 健	对外经济贸易大学出版社	2023 年 11 月
	职场交际英语	刘 菲等	对外经济贸易大学出版社	2023 年 6 月
	商务法律英语导论	周玲玲	对外经济贸易大学出版社	2023 年 8 月
	实用商务英语写作教程（第三版）	董晓波	清华大学出版社 北京交通大学出版社	2023 年 2 月
	新视界商务英语系列教材 综合商务英语 1-2 册（第二版）	刘白玉等	中国人民大学出版社	2023 年 6-7 月
	新视界商务英语系列教材 商务英语阅读 1-2 册（第二版）	丁 芬、翟红华	中国人民大学出版社	2023 年 5-8 月
	新视界商务英语系列教材 商务英语视听说 1-2 册（第二版）	常荷丽、邵小卉	中国人民大学出版社	2023 年 6-8 月
	新视界商务英语系列教材 实用现代商务英语翻译（第二版）	梁志刚、李汝成、祝丽丽	中国人民大学出版社	2023 年 1 月
	普通高等学校应用型教材·国际贸易 跨境电商英语	张 梅、吴月珍、曹广涛	中国人民大学出版社	2023 年 4 月
	高级实用英语系列教材 现代商务英语综合教程（上册）	王立非	中国人民大学出版社	2023 年 8 月

4.2.3 高等学校英语数字教材

随着教育数字化战略行动的深入实施，高等英语教材建设逐步进入数字化与智能化发展的新时代，实现了教材载体从纸质到数字的转变、使用方式从线下到线上的转向，大幅提高了教材的传播力和使用效率，促进了优质教学资源的共建共享。高等英语教材建设在理念和形态方面的深刻变革，为高质量国际化人才培养体系建设提供重要支撑，对教育数字化改革起到积极推动作用。

1） 数字赋能教材新形态，促进教学提质增效

《大学英语教学指南》（2020 版）明确要求，"各高校大学英语课程设置要兼顾课堂教学与自主学习环节，建立与不同课程类型和不同需求级别相适应的教学模式，促进学生个性化学习策略的形成和学生自主学习能力的发展。各高校应将网络课程纳入课程设置，重视在线网络课程建设，把相关课程放到网络教学平台上，使课堂教学与基于网络的学习无缝对接，融为一体"。很多外语数字教材的研发以纸质教材为核心，其根本目的是为纸质教材提供更多、更丰富、更适用的数字资源。为突破成品纸质教材的限制，各出版机构深入研究、广泛调研，推出由纸质教材、多模态数字资源、在线教学云平台、智慧课堂环境等关键要素构成的纸数融合一体化新形态教材。新形态教材强调多介质、个性化，体现数智化、人机协同，为线上线下混合式教学提供重要依托。

外研社《考研英语智慧教程》新形态教材规划"知识传授—技巧提升—实战演练"三段式教学路径，通过线上线下一体化的教学流程设计，打造 U 校园数字课程、课堂手册、U 校园直播课、助教课件，构建全方位、立体化考研英语教学解决方案，着力解决考研英语课程学分学时少、学情差异大、个性化需求多的教学难点。教材的课堂手册包括大纲解读、专项突破和真题解析，总结题型特点，点拨解题技巧。配套的 U 校园数字课程包括大纲解读、专项突破、真题解析和模拟实战，提供完备的真题讲解视频微课、专项练习和模拟试题，并定期开展直播课，为个性化学习提供坚实基础，为高效教学创造有利条件。

外教社《全新版大学高阶英语视听说智慧教程》新形态教材基于 WE Learn 智慧教育平台，融音频、视频、微课、测试、教学管理于一体，充分满足线上线下混合式教学开展的需求。教材的数字课程包含听力练习、口语活动、视频练习、听力技能微课。纸质图书主要呈现口语活动常用表达、讨论题、对话范例、视听素材中的生词等内容。教师通过 WE Learn 智慧教育平台监控学习进度、进行学习情况分析，并可根据学情反馈在课堂上进行重难点解析，实现线上学习与课堂教学的无缝对接。

2) 创新应用前沿技术，丰富教学实践手段

随着大数据、云计算、人工智能等技术的发展，语言教育领域发生了重要变革。新时代背景下，为推动大学英语教学改革与创新发展，赋能高校英语教材转向数字化、智能化，各出版机构积极探索前沿技术研究和应用，为用户提供全新的交互学习体验。

外研社《新标准大学英语（第三版）综合教程 1（智慧版）》依托 U 校园 3.0，融入虚拟现实功能，打造数字人"子言"伴学场景，创设情感化、更具活力的学习社区，提供泛在、智能、多元的学习生态。教材利用数字人与场景建模技术，打造视觉效果优秀、高质量的立体式场景视频，学生可以通过沉浸式体验更加深刻地学习、理解教材。不仅如此，教材还将数字人与语音引擎结合，通过语音识别为学生纠音、正音，为学生提供个性化的即时反馈和指导。自然流畅的交流体验大大提高了学生的学习兴趣和参与度，助力更具个性化的教育新模式。

外教社《新时代大学应用英语综合教程》以自主研发的"应用学科英语学习语料库"（Corpus of Applied Disciplines for English Learning，简称 CADEL）为基础，利用语料库技术对教材编写和语言学习进行创新，实现教材研编、语言教学与语言学习的智能化、数据化、可视化，将探索式学习落到实处。在教材编写方面，编写团队利用语料库技术，基于对课文难易度的量化分析，控制课文难度，并根据难易度编排课文顺序，从而确保课文编排的科学性；借助语料库技术统计文章所含单词的词频，生成每篇课文的词表；借助语料库提取每篇课文的高频词、重点词汇或短语以及相关句法结构，并在分析这些语料的基础上编写相关练习，保证课文练习的真实性和针对性。在语言学习方面，语料库包含多种学科语料文本，每个单元均设有基于语料库的语言知识训练，考察和培养学生学会运用语料库自主探索语言使用的规律。通过探索式练习引导学生利用语料库发现语言现象，总结语言规律。

3) 培养跨学科复合型人才，助力"四新"建设

开展一流本科教育，深化"新工科、新医科、新农科、新文科"建设，是加快推进中国教育现代化、实现高等教育内涵式发展的重要举措。各出版机构积极响应国家政策，对接院校及师生需求，以"四新"建设为抓手，推出不同门类的大学英语专门用途教材，探索"专业+外语"培养模式，为学科的融合创新和专业紧缺人才的培养提供有力支持。

外研社《全球胜任力英语教程》新形态教材将大学英语教学与国际关系等相关知识有机融合，在培养学生语言能力的同时，拓展其全球视野和思维，提升其参与全球治理的意识与能力，构建复合型人才培养新路径，实现学生跨学科综合应用能力的提高。教材遵循发现问题、分析问题和解决问题的逻辑思路，从全球面临的重大问题与挑战切入，引导学生分析这些重大问题与挑战的现状、原因、影响以及国际社会为解决问题与应对挑战做出的努力，并深入理解相应的中国智慧、中国力量、中国方案。教材每单元均连线曾经或当前正在参与全球治理的国际化人才杰出代表，以"面对面"访谈的形式，请他们分享相关经验、知识和观点。此外，每单元均利用虚拟仿真技术架构仿真的国际场景，让学生扮演不同的全球治理者角色，在仿真场景中参与对全球性问题与挑战的探讨，并提出可行的解决

方案。

中国人民大学出版社《医学院校研究生英语读与写》（第四版）面向医学特色院校以及科研机构，培养高素质医学研究人才。教材内容紧跟时代发展需求，突出医学语言特点，既保留了医学经典篇章，如希波克拉底誓言、胡佛兰德医德十二箴言，以及医学伦理热点话题，又融入医学前沿发展，同时注重践行课程思政；培养学生专业英语素养的同时，提升文化素养，满足全国各医学院校开展研究生英语教学的需求。

4) 拓展教材配套数字资源，丰富教学内容供给

传统纸质教材容量有限，而数字教材利用技术的赋能作用，可以为学生提供教材以外的立体化、多样化延伸资源。通过更具指向性和聚焦性的高质量补充资源，拓展教材容量，延展教学空间。各出版机构积极根据教材育人目标，开发补充配套资源，不断增加优质教学内容供给，满足多样化英语教学和学习需求。

为助推全国外语院校实现育人目标、落实立德树人根本任务，外研社《新探索研究生英语》系列新形态教材推出配套数字拓展课程——学术词汇讲练、学术论文写作、国际学术英语交流，助力全国高校外语教师提升教学质量，培养符合社会发展需求的创新型、复合型、高层次人才。其中，《学术论文写作》课程围绕学术论文的基本结构展开，包含学术论文写作中的基础知识、实用写作技巧、学术论文格式、学术诚信等内容，同时课程辅以相应的语言练习与写作实践，帮助学生构建英语学术论文写作的基本框架，学习写作技巧，完成写作任务，为准确阐述学术研究内容做好准备，为研究性学习打好坚实基础。《国际学术英语交流》课程围绕国际学术会议的流程展开，包含学术演讲、学术问答与交流、海报制作与展示等主要内容，同时辅以相应的练习、样例分析，帮助学生熟悉国际会议惯例，提升在公开场合进行学术演讲、答辩和交流讨论等方面的实际能力，促进国际化人才的培养。

表4.3 2023年高等学校英语数字教材一览表

课程类型	教材名称	主编	出版社	上线时间
大学英语通用英语	新一代大学英语（基础篇）视听说教程2（思政智慧版）	史光孝	外语教学与研究出版社	2023年1月
	新一代大学英语（提高篇）视听说教程2（思政智慧版）	何莲珍	外语教学与研究出版社	2023年1月
	新境界大学英语 综合教程2	胡杰辉、王婷	外语教学与研究出版社	2023年2月
	E英语教程（第二版）3（智慧版）	李正栓	外语教学与研究出版社	2023年2月
	E英语教程（第二版）4（智慧版）	苏雪梅	外语教学与研究出版社	2023年2月
	新视野大学英语（第四版）读写教程1（思政智慧版）	丁雅萍、吴勇	外语教学与研究出版社	2023年8月
	新视野大学英语（第四版）读写教程2（思政智慧版）	郑树棠	外语教学与研究出版社	2023年8月
	新视野大学英语（第四版）长篇阅读1	毛悦勤	外语教学与研究出版社	2023年8月
	新视野大学英语（第四版）长篇阅读2	赵雪爱	外语教学与研究出版社	2023年8月
	新视野大学英语（第四版）综合训练1	叶兴国	外语教学与研究出版社	2023年8月
	新视野大学英语（第四版）综合训练2	王京华	外语教学与研究出版社	2023年8月
	新标准大学英语（第三版）综合教程1（智慧版）	文秋芳、张虹	外语教学与研究出版社	2023年9月
	新标准大学英语（第三版）综合教程2（智慧版）	陈向京	外语教学与研究出版社	2023年10月
	大学英语听说教程（第二版）1（智慧版）	李莹	外语教学与研究出版社	2023年9月
	大学英语听说教程（第二版）2（智慧版）	张淑艳、吕绵	外语教学与研究出版社	2023年9月

（待续）

（续表）

课程类型	教材名称	主编	出版社	上线时间
大学英语通用英语	新编大学英语（第四版）视听说教程3（智慧版）	何莲珍	外语教学与研究出版社	2023年2月
	全新版大学高阶英语视听说智慧教程1	虞苏美、李慧琴、孙倚娜	上海外语教育出版社	2023年4月
	全新版大学高阶英语长篇阅读智慧教程（第三版）1	郭杰克	上海外语教育出版社	2023年9月
	新时代大学应用英语综合教程4	赵晓红、吴勇、胡开宝	上海外语教育出版社	2023年6月
	新时代大学应用英语视听说教程3-4	李京平	上海外语教育出版社	2023年10月
	新世纪大学英语视听说教程（第四版）4	杨慧中、王跃武	上海外语教育出版社	2023年10月
大学英语后续课程	考研英语智慧教程	朱有义、王立军、赵晓军	外语教学与研究出版社	2023年3月
	全球胜任力英语教程	翟峥、金晶	外语教学与研究出版社	2023年12月
	数字时代职场英语教程个人技能篇	邹其彦、曾雪梅	外语教学与研究出版社	2023年12月
英语专业"理解当代中国"系列教材	理解当代中国英语读写教程	孙有中	外语教学与研究出版社	2023年9月
	理解当代中国英语演讲教程	金利民	外语教学与研究出版社	2023年9月
英语专业课程	现代大学英语（第三版）精读4	陈崛斌、李朝晖	外语教学与研究出版社	2023年3月
	应用英语教程视听说2	钟莉莉	外语教学与研究出版社	2023年2月

（待续）

(续表)

课程类型	教材名称	主编	出版社	上线时间
英语专业课程	应用英语教程视听说 3	钟莉莉	外语教学与研究出版社	2023 年 10 月
	新思路英语专业系列教材 视听说教程 2	侯艳萍、刘宝权	上海外语教育出版社	2023 年 9 月
研究生英语通用英语	医学院校研究生英语读与写（第四版）	卢凤香、谢春晖、殷红梅、李 岩	中国人民大学出版社	2023 年 2 月

4.3 高等学校英语教材使用案例

4.3.1 浙江外国语学院：构建"理解当代中国"课程体系，全面提升国际传播能力

浙江外国语学院在通识课程、专业英语及公共英语教学中积极探索使用"理解当代中国"系列教材，通过融入、替换等方式，推进系列教材在教学中的有效使用。

在通识课程教学中，学院开设"理解当代中国 知行活力浙江"和"三进"校本专题课程，融合使用《英语演讲教程》《汉英翻译教程》，创新集思想精髓、话语表达、翻译实践、传播策略等于一体的教学内容，引导学生"学、思、践、悟"习近平新时代中国特色社会主义思想；学院依托该课程，创建全国首个省域层面的《习近平谈治国理政》多语种版本进高校、进课堂、进教材工作的虚拟教研室。

在专业英语教学中，学院将覆盖全部专业和班级的"英语演讲与辩论"课程改造为"'理解当代中国'英语演讲"课程。教师使用《英语演讲教程》，创新采用"阅读圈教学模式"，组织学生通过角色、任务明确的小组

形式，对课文内容进行独立加工和合作学习，配以针对教材主题的即兴演讲和命题演讲，引导学生拓展与教材主题相关的语言文化知识，发展演讲技能，厚植家国情怀。学院将"汉英翻译"课程改造为"'理解当代中国'汉英翻译"课程，使用《汉英翻译教程》，同时按照主题拆分、话题匹配的原则，将每个主题的材料作为补充内容融入低年级核心课程"综合英语"和"英语写作"中。

在公共英语教学中，学院将"理解当代中国"系列教材融入"综合英语"课程，通过融入高质量发展、社会主义核心价值观、文化传承以及国际交流等内容，为学生提供全面深入理解当代中国的视角；积极推进大学英语教学改革，面向小语种专业学生展开教学，以"高级英语阅读""英语公共演讲""综合英语"等课程为试点，融合使用《英语读写教程》《英语演讲教程》等教材，促进学生国际传播素养提升。

4.3.2 郑州大学：深挖教材实现价值引领，数字赋能打造新型课堂

多年来，郑州大学始终以《新视野大学英语》系列教材为抓手，不断探索大学外语教学改革新路径，优化教学设计，创新教学模式，提升教学效果。2023年，《新视野大学英语》（第四版）全新推出，郑州大学率先更换使用，以党的二十大精神为指导，深入挖掘教材的育人内涵，充分利用第四版内中国文化板块的丰富内容，进一步深化课程思政，实现语言教学与育人目标的深度融合。同时，郑州大学顺应外语教育数字化转型趋势，依托教材丰富的数字资源和全新升级的 U 校园 3.0，尤其通过在线交互式课件的使用，实现纸质教材与数字产品的高效协同，打造智慧教学新范式。课前，教师依据教情学情，联通教学素材库，对在线交互式课件进行增删改调，形成个性化教学内容。课中，教师通过使用一键发题、即时作答分析、投票、词云等实时互动工具，有效提升课堂的互动性和学生的学习积极性。课后，教师依托智能平台，将 AI 智能评阅、教师评阅以及生生互评结合在一起，形

成科学、实用、多元的评价体系,从而更加准确地反映学生的学习成果和潜力,促进学生的全面发展。

4.3.3 山东理工大学:"以学生为中心,以产出为导向,以育人为目标,以智能为驱动"的课堂教学范式改革

山东理工大学依托《新标准大学英语》(第三版)"文道相融、学用一体、数智赋能"的理念特色,结合院校人才培养目标实施了大学英语教学改革。院校以产出为导向,充分利用教材中情境真实的单元任务,结合院校学情与当地文化特色进行"本土化"设计,激发学生学习动力;深入挖掘教材思政元素,包括产出主题、翻译练习、课文配图及图注等,适时引导学生深刻理解中国文化;围绕产出提供精准、渐进的语言学习"脚手架",使学生逐步掌握语言在真实情景中的综合运用,最终实现培养学生家国情怀、弘扬地方特色文化与语言能力教学的有机融合。同时,学院响应教育数字化号召,利用 U 校园 3.0,以智能化教学手段提升教学效果,尤其是结合"产出导向法"教学流程,让学生提前在平台尝试产出任务,利用平台诊断任务难点,帮助教师精准对接学生需求,设计教学重点。

4.3.4 华南理工大学:新工科背景下学术英语一流本科课程建设

华南理工大学外国语学院大学英语教学团队依托《新时代大学学术英语综合教程》建设了"学术英语"慕课,该慕课于 2020 年被教育部认定为首批国家级(线上)一流本科课程。依托现代信息技术,该团队将线上学习与课堂教学紧密结合,构建了基于立体化教材与 SPOC 的学术英语翻转课堂教学模式。教学理念上,该课程不仅提高学生的英语语言水平,而且全方位满足学生多元化的学术英语学习需求,拓宽学生国际视野,为培养具有国际竞争力的"新工科"人才提供外语支撑。教学模式上,课前,学生预学教材,通过 SPOC 教学视频学习学术技能;课中,教师通过交互式

活动让学生操练和应用所学技能；课后，师生利用在线平台进行反馈交流和知识拓展。教学生态上，课程融合多元教学方法，构建全新的"以学生为中心"的教学生态环境。SPOC 教学针对学生个性化、差异化的学习目标和需求，给予学生发挥学习主动性和创造性的空间；面授课堂实现深度交流和互动，通过问题导向式、启发式、研讨式、探究式、项目驱动式等多元教学方法，促进学生内化知识。

4.4 高等学校英语教材教师培训

4.4.1 全国性教师培训项目

1）"理解当代中国"系列教材培训

为全面贯彻落实党的二十大精神，深入推进"三进"工作，助力高校用好"理解当代中国"系列教材，建设好"理解当代中国"系列课程，通过教材创新促进外国语言文学知识体系、课程体系、教师发展体系创新，教育部高等学校外国语言文学类专业教学指导委员会、北京外国语大学、外研社于 8 月 2 日—3 日举办"全国高等学校'理解当代中国'系列教材任课教师培训"。教育部高等教育司相关负责同志、省级教育行政部门相关负责同志出席会议，线上线下共计 4 万余人参会。培训阐释"三进"工作内涵及意义，讲解习近平新时代中国特色社会主义思想相关专题内容，示范针对不同语种、不同课型、不同学情的教学方案，帮助教师进一步提升理论素养、更新教学理念、优化知识结构，将习近平新时代中国特色社会主义思想有机融入外语教育研究和人才培养全过程。8 月 21 日—25 日，中国外文出版发行事业局主办推动"三进"工作与国际传播能力建设研修班，帮助全国高校特别是外语类院校进一步深入学习理解传播习近平新时代中国特色社会主义思想，提升时政话语翻译教学教研水平和实践能力，加快培养高素质国际传播人才，构建中国特色对外话语体系，形成同我国综合国力和国际地位相匹配的国际话语权。2023年全年，各省、自治区、直辖市教育主管部门积极推进《习近平谈治国理政》多语种版本进高校、进教材、进课堂工作走深走实，共计举办相关研讨会26场，就"理解当代中国"系列教材使用与课程建设等进行深入研讨，共享教学新方法，共探思政育人新路径。

2) 2023外研社高等学校外语学科中青年骨干教师高级研修班

2023年，外研社高等学校外语学科中青年骨干教师高级研修班应新时代高等教育人才培养、学科建设、课程改革与教师发展需求，创新主题、丰富内容、完善体系与形式，策划国际传播、学科发展、教育教学、测评素养、学术研究五大主题类别，共计开展18期研修课程，覆盖外语教育课程思政、国际传播能力培养、中华文化传承与发展、外语学科建设与发展、外语教材编写与使用等重点话题，紧密结合教学材料的有效使用开展深入探讨与研究，助力外语教师更新教育理念、提高课堂教学效果、加强科学研究、提升育人素养，为培育服务国家战略需求的高素质外语人才奠定深厚的理论与实践基础。

3) 外研社2023年暑期全国高校外语教学研究与教师发展系列研修班

7月—8月，外研社举办2023年暑期全国高校外语教学研究与教师发展系列研修班。系列研修班以"强国、强教、强师"为主题，以专家讲座、院校分享、教学大赛等多形式开展共21期活动，线下参与人数共计1.2万，线上参与人次超26万。全国高等院校外语教育专家及一线教师围绕"理解当代中国"系列教材、《新视野大学英语》（第四版）、《新标准大学英语》（第三版）、《新编大学英语》（第四版）、《新一代大学英语》、《新未来大学英语》、《现代大学英语》（第三版）、《大学思辨英语教程》等教材，共同研讨教材编写的原则与方法，分享有效使用教材的优秀实践，探讨教材和数字应用有机融合的创新路径，促进外语教育高质量发展。

4) 外教社 2023 年暑期卓越外语教师发展高级研修班

7月—8月，为深入贯彻落实党的二十大精神，进一步落实高等外语教育高质量发展的要求，推动新时代多语种教师队伍建设，外教社举办主题为"教育高质量发展与卓越外语教师培养"的研修班，研修形式包括专题报告和教学活动设计工作坊等。国内外知名外语专家、学者、教材作者与全国高校外语教师就课程思政与外语教学的有机融合、信息化教学素养提升、跨文化外语教学、国际传播能力建设、外语教学研究方法与论文撰写等内容展开交流研讨，助力外语教师优化教学设计，提升教学研究能力，实现综合发展。

4.4.2 虚拟教研室

2023年，外研社基于"理解当代中国"英语系列教材、《新视野大学英语》（第四版）、《新标准大学英语》（第三版）、《新编大学英语》（第四版）、《现代大学英语》（第三版）、《新未来大学英语》等系列教材，共举办52期虚拟教研室活动。活动邀请教材编者、使用教师、编辑等，通过阐释教材编写理念、示范单元教学设计、指导教学设计方案编写等，为教师提供具体翔实的备课与教学指导，帮助教师提升教学能力，用好外语教材，提高外语课程建设质量。

4月，外教社启动"全国高校外语高质量课程虚拟教研室"项目，依托《新目标大学英语》（第二版）、《全新版大学进阶英语综合教程》、《新起点大学英语综合教程》、《商务英语综合教程》等教材，致力构建常态化的、高频互动的、多元参与的教师社群，打造跨时空、跨学校、跨区域的教研共同体新范式。

5月—6月，上海外国语大学英语学院与外教社联合举办"英语专业课程研究型教学改革虚拟教研室"之"研究性微课堂"系列活动，共开展3期活动，邀请来自不同院校的英语专业教师代表展示课堂案例，从课程小切口窥见人才培养的大问题，聚焦"人文化教学""课程思政""跨文化传播能力"等高教改革热词，以具体案例落地教学改革，兴钻研教学之风，提人才培养之质。

6月，大学外语课程群虚拟教研室和高教社联合主办外语课程思政教学设计系列讲座，共3期。该系列讲座旨在解读外语课程思政教学设计理念与策略，并以《新时代明德大学英语》、《综合英语教程》（第四版）等教材为例，分享外语课程思政教学设计思路与实践经验。

2023年，"大学思辨英语课程虚拟教研室"依托《大学思辨英语教程》系列教材共开展10期虚拟教研活动。该教研室以北京外国语大学英语学院专业核心课教研室为实体基础，是由全国10所成员校为核心，20所高校为合作校，近500所高校的英语专业教学团队开放式参与、协同共建的全国性基层教研组织与教师发展共同体。

4.4.3　教材编写与使用讲座

外研社依托"外研社高等英语资讯"视频号、钉钉"外研社·U讲堂社区"等平台，先后开展多期外语教材编写与使用讲座。2023年4月—6月，外研社先后举办聚焦《大学英语听说教程》（第二版）、《新编大学英语》（第四版）、《应用语言学研究方法与论文写作》（第二版）、《学术英语写作进阶教程》、《英语通识阅读教程》等的教材解读与教学实践公益讲座，讲座深入解读教材编写依据与理念，分享优秀教材使用案例，帮助一线教师深入挖掘教材内涵，有效使用教材，推动建设高质量教育体系。

2023年5月—6月，上海外国语大学外语教材研究院与中国高校外语学科发展联盟课程与教材建设委员会联合推出"外语教材研究名家讲坛"（第四季）系列讲座。讲座围绕外语教材的建设与使用研究、国外教材研究等领域，对选题来源、选题设计、研究内容与研究方法进行详细阐述，旨在指导青年教师更有效地进行外语教材研究，促进我国外语教材研究学术思想、发展前沿和学术成果的交流、传播与共享。

第五章 高等学校多语言教材建设

在全球化背景下，多语言教材的发展不仅服务于培养学生的语言能力和跨文化交际能力，更有助于推广中国文化、传播中国智慧、展示中国立场。2023年的多语言教材建设展现了高等外语教育领域的新理念、新实践和新成果，为构筑教育强国、人才强国的宏伟蓝图贡献了重要力量。首先，在教材内容建设上，坚持价值引领的原则，有机融入党的二十大精神，通过教材将中国立场、中国智慧、中国价值传授给学生。这种深入人心的价值教育，不仅促进了学生道德情操和思想品质的提升，还助力学生形成正确的世界观、人生观、价值观。其次，就教材形态而言，特别强调纸数融合的创新途径，依托教学管理平台和先进的数字技术，推出一系列新形态外语教材和学习工具。这些创新不仅丰富了教学资源，提升了教学的有效性，而且满足了学生的个性化学习需求，提高了学习的趣味性和互动性。

5.1 高等学校多语言教材相关政策

2023年1月，教育部召开全国教育工作会议，强调深入学习贯彻党的二十大精神，全面提高人才自主培养质量，加快建设高质量教育体系，同时明确提出要用习近平新时代中国特色社会主义思想铸魂育人，推动立德树人根本任务取得新的重要进展。

2月，"世界数字教育大会"在北京召开，提出中国将深化实施教育数字化战略行动，推进资源数字化、管理智能化、成长个性化和学习社会化，强调利用新技术手段推动高质量教育资源的广泛传播和个性化教育的实现。这次会议为高等外语教育提供了数字化转型的方向与思路。

3月，"第七届全国高等学校外语教育改革与发展高端论坛"在北京召开。会议提出，高等外语教育要深入学习贯彻党的二十大精神，创新推动外语教育课程思政建设，全面推进落实"三进"工作，将《习近平谈治国理政》全面融入外语专业核心课程。

11月，教育部办公厅印发《"十四五"普通高等教育本科国家级规划教材建设实施方案》，提出利用新一代信息技术，整合优质资源，创新教材呈现方式，提升教材新技术研发能力和服务水平，体现了数字化在英语及多语言教材建设中的重要性，推动了教学资源的数字化转型。

2023年举行的一系列活动以及发布的一系列政策和文件体现了中国高等英语教育和多语言教育在内容、方法和教学资源等方面的新要求、新标准和新探索。高等学校多语言教育深入贯彻党的二十大精神，充分应用数字技术手段，提升教育的质量和效率；同时，通过立德树人和技术创新，助力培养有家国情怀、有国际视野的新时代外语人才。

5.2 俄语教材

5.2.1 俄语教材出版概况

1) 聚焦建设深度，推进"三进"工作

基于"理解当代中国"俄语系列教材的出版，2023年，外研社在"理解当代中国"多语种系列教材专题网站上线了俄语系列教材配套资源，包括音频、教师用书、电子课件、课程设计案例、期末考试样卷及参考答案等，以加深任课教师对该系列教材的理解，解决教学难点，优化教材使用效果，推动落实"三进"工作。

2) 积淀育人厚度，强化新文科建设

各出版机构将教材建设作为核心路径，促进外语教学的理念、内容、方法等全面革新，为高校俄语专业课程思政建设提供全方位支持。外研社持续丰富教学资源，助力落实立德树人根本任务，为荣获首届全国教材建设奖全国优秀教材（高等教育类）二等奖的"'东方'大学俄语（新版）"系列教材配备思政课件，目前第1—5册已完成开发，并上传至网站供全国高校俄语教师使用。北京大学出版社出版《现代俄罗斯报刊阅读》和《俄罗斯报刊阅读》。《现代俄罗斯报刊阅读》强调"新文科"建设要求，拓展文科教育应用的范畴，反映当代俄罗斯微观社会情况，能够拓宽俄语学习者政治经济法规、边贸文化等方面的知识结构，适用于应用型本科教学；《俄罗斯报刊阅读》注重课程思政元素的融入，单独设置中国主题单元，选用与中国相关的新闻报道。

3) 拓展教材广度，丰富产品体系

各出版机构遵循《普通高等学校本科外国语言文学类专业教学指南》（以下简称《教学指南》）对高等教育俄语专业方向及课程的规定与指导，同时兼顾市场趋势与师生需求，聚焦高校俄语专业不同学段、不同方向的特点，创新选题，扩展教材广度，从而填补现有教材空缺，旨在构建更加完备的教材体系，以满足新时代对人才培养的多样化需求。

在本科基础阶段教材建设方面，外研社出版了"十二五"普通高等教育本科国家级规划教材《"东方"大学俄语（新版）（第2版）学生用书1》。该教材第1版曾获首届全国教材建设奖全国优秀教材（高等教育类）二等奖、第二届全国高校俄语专业优秀教材奖一等奖、北京市高等教育教学成果奖二等奖，并获评"十一五""十二五"普通高等教育本科国家级规划教材和北京高等教育精品教材。高教社出版了《新标准基础俄语1》。该教材有机融入社会主义核心价值观和中华优秀传统文化，注重搭建跨学科知识结构，提高学生人文素养。浙江大学出版社出版《俄语语法1》。该教材在语法训练题的设计中体现俄语阅读、听说、写作、翻译等教学环节的交叉运用，多方面锻炼学生俄语语言能力，多角度加深印象、增强记忆。外教社出版了《俄语视听说教程（学生用书）》1—2册。该教材由中国作者编写，配套的视频故事由俄罗斯摄制团队在俄罗斯取景拍摄。哈尔滨工业大学出版社出版了《俄罗斯国情》。该教材内容涵盖俄罗斯现状和俄罗斯地理、历史、文学、绘画和音乐，全面、简要地展现了俄罗斯的整体国情。

在本科提高阶段教材建设方面，外研社出版了《俄汉—汉俄口译基础教程（上）》。该教材融思想性与实效性、理论性与实践性、规则性与灵活性、知识性与技巧性为一体，打破口译教材的传统模式，突出"授人以渔"的教学理念，在训练素材选取、训练题型设计、结构编排上较传统口译教材都有所创新。外教社出版《俄汉—汉俄口译教程》。该教材从交替传译实务角度出发，将技巧的讲解、训练与一系列口译主题融合，引导学生举一反三、融会贯通。科学出版社出版《汉俄双向全译实践教程》。该教材涉及30个实用话题，除全译实践、思考题、专题术语外，还包含比读体悟，培养学生的汉俄互译技能与翻译意识。北京大学出版社出版了《俄罗斯国情概况》（俄文版）。该教材适用于本科高年级国情课的教学。全书用俄文编写，采取分级阅读的方式，由浅入深地组织了地理、历史、风俗等多个主题的相关材料。东南大学出版社出版了《俄语时政报刊阅读》。该教材全面系统地介绍2017年后俄罗斯政治、经济、社会、文化等领域的新动向，使读者在了解俄罗斯政治体制、经济金融、科技教育等各领域最新情况的同时，掌握俄罗斯时政报刊文章的基本语言特色和表述方法。对外经济贸易大学出版社出版了《商务俄语口语》。该教材以赴俄进行商务活动为背景，从商务活动各个环节和商业知识与惯例等方面为使用者提供学习素材，帮助学习者熟悉商务谈判的整个流程，了解俄罗斯商务环境的客观情况和基本知识。

在大学公共外语、第二外语教材建设方面，高教社出版了《大学通用俄语（第 2 版）3》。该教材在第 1 版的基础上，按照《大学俄语教学指南（2020 版）》和多数学校的课时安排调整教学内容，主要面向已有俄语基础知识的二外学生和有进阶学习需要的社会学习者。中国纺织出版社出版了《新编大学俄语基础教程》。该教材介绍了俄语的语音知识和基础的语法知识。

在研究生教材和其他特色方向课程教材建设方面，上海交通大学出版社出版了《20 世纪俄苏文论经典选读》（俄文版）。该教材梳理了 20 世纪俄苏文学进程中产生的对世界文学理论建构与文学批评实践有重大影响的文论学派，并以此为架构呈现了不同文论学派的经典选篇。近年来，随着考研学生人数增多，中国人民大学出版社出版了《2024 考研俄语综合教程》。除《教学指南》规定的课程外，高校根据自身学科优势，开设培养复合型人才的特色课程。针对该类课程，哈尔滨工业大学出版社出版《工程俄语基础教程》（第四册）、《电路分析：汉俄双语》等，促进了俄语教材的丰富化和多元化。

4) 响应最新趋势，加快迭代升级

各出版机构加快教材建设速度，对经典教材进行改版升级，传授学科前沿知识，整合数字技术，从而促进教学方法的改良和学习效果的提升，优化学习体验。

外研社出版"十一五"普通高等教育国家级规划教材《"东方"大学俄语（新版）学生用书》第 5—8 册、《"东方"大学俄语（新版）听力教材》第 1—3 册、《"东方"大学俄语（新版）口语教程》第 1—2 册，根据时代发展和教学反馈更新部分教学材料，并为教材配备 U 校园 APP，兼顾教材的经典性和实用性。外教社出版"十一五"普通高等教育国家级规划教材《俄语阅读教程学生用书（第 2 版）》第 1—3 册。第 2 版教材依据《高等学校俄语专业教学大纲（第二版）》对第 1 版教材的课文内容和编写体例作了全面调整。

表5.1 2023年俄语教材出版一览表

课程类型	教材名称	主编	出版社	出版时间
专业核心课程	俄汉—汉俄口译基础教程（上）	顾鸿飞等	外语教学与研究出版社	2023年5月
	"东方"大学俄语（新版）（第2版）学生用书1	史铁强、李雪莹	外语教学与研究出版社	2023年7月
	"东方"大学俄语（新版）学生用书5（配APP）	史铁强、王凤英	外语教学与研究出版社	2023年7月
	"东方"大学俄语（新版）学生用书6（配APP）	史铁强、李向东、[比]扬·尼·普里鲁茨卡娅	外语教学与研究出版社	2023年7月
	"东方"大学俄语（新版）学生用书7-8（配APP）	史铁强	外语教学与研究出版社	2023年8月
	"东方"大学俄语（新版）口语教程1-2（配APP）	黄玫	外语教学与研究出版社	2023年8-9月
	"东方"大学俄语（新版）听力教程1（配APP）	史铁强、何芳	外语教学与研究出版社	2023年11月
	"东方"大学俄语（新版）听力教程2（配APP）	史铁强、黄玫、郑文东	外语教学与研究出版社	2023年11月
	"东方"大学俄语（新版）听力教程3（配APP）	史铁强、郑文东、黄玫	外语教学与研究出版社	2023年11月
	俄语时政报刊阅读	王晓捷等	东南大学出版社	2023年1月
	现代俄罗斯报刊阅读	张锐	北京大学出版社	2023年1月
	俄罗斯报刊阅读	孙超、王玲、蒋本蓉	北京大学出版社	2023年6月

（待续）

（续表）

课程类型	教材名称	主编	出版社	出版时间
专业核心课程	俄语阅读教程学生用书（第2版）1-3	王加兴	上海外语教育出版社	2023年3-6月
	俄语视听说教程(学生用书)1-2	邵楠希、[俄]拉·阿·卢察	上海外语教育出版社	2023年4-6月
	俄语语法1	陈新宇	浙江大学出版社	2023年10月
	新标准基础俄语1	许宏、白屹	高等教育出版社	2023年5月
研究生课程	20世纪俄苏文论经典选读（俄文版）	杨明明	上海交通大学出版社	2023年4月
翻译学方向课程	汉俄双向全译实践教程	刘丽芬	科学出版社	2023年6月
	俄汉—汉俄口译教程	张俊翔	上海外语教育出版社	2023年6月
国别与区域研究方向课程	俄罗斯国情	王利众、刘春梅、牧阿珍	哈尔滨工业大学出版社	2023年11月
	俄罗斯国情概况（俄文版）	李小桃	北京大学出版社	2023年8月
经贸俄语特色课程	商务俄语口语	孙芳	对外经济贸易大学出版社	2023年6月
大学俄语课程	新编大学俄语基础教程	姜岩、魏征	中国纺织出版社	2023年3月
	大学通用俄语（第2版）3	武晓霞、刘颖	高等教育出版社	2023年10月
其他	工程俄语基础教程（第四册）	王莉、牛安娜	哈尔滨工业大学出版社	2023年3月
	电路分析：汉俄双语	何静等	哈尔滨工业大学出版社	2023年5月
	2024考研俄语综合教程	钱晓蕙	中国人民大学出版社	2023年3月

5.2.2 俄语教材使用案例

高等学校"理解当代中国"俄语系列教材出版后，高校依托教材开设相关课程，同时举办丰富多彩的学生赛事活动。

大连外国语大学在本科三年级开设俄语读写课和俄语演讲课，在本科四年级开设汉俄翻译实践课，在研究生阶段开设高级汉俄翻译实践课，均使用外研社出版的高等学校"理解当代中国"俄语系列教材。该校通过集体教研、跟班督导等多种方式进行备课，积极开展教学实践，依托《俄语读写教程》和《俄语演讲教程》开设课程，授课教师获评校级课程思政教学名师和教学团队。此外，该校积极举办丰富多彩的第二课堂活动，力促"寓教于乐，学以致用"。2023年6月，该校举办"我向世界说中国"演讲比赛，吸引了多个年级学生参赛和观赛。参赛学生依托教材进行赛前准备。通过比赛，学生提升了口语表达能力，展现了当代青年的青春风采，为更好地讲述中国故事作了积极准备。

西安外国语大学俄语学院于2023年5月举办"书写中国故事"多语种书法大赛。参赛学生来自俄语系和欧亚语言与区域国别系本科一、二、三年级，分别以俄语、哈萨克语和白俄罗斯语书写了"理解当代中国"俄语系列教材中的片段。通过大赛，学生的语言学习兴趣得到进一步提高，综合素养也得到了锻炼。

北京外国语大学于2023年11月举办2023"外研社·国才杯""理解当代中国"全国大学生外语能力大赛。大赛首次开设多语种组，其中涵盖俄语组别。大赛以"理解中国，沟通世界"为主题，立足中国国情、放眼全球发展，引导选手理解中国之路、撰书中国之治、阐明中国之理、传递中国之声。该赛进一步推动了"理解当代中国"俄语系列教材的使用和教学工作，助力培养"讲好中国故事，传播好中国声音"的新时代优秀外语人才，提升俄语专业大学生的读写能力、演讲能力和翻译实践能力。

以上依托教材、以赛促学的方式，在一定程度上解决了时政文献翻译学习难度大的问题，增强了学生学习的积极性，提升了教材使用效果和学生学习效果。

5.2.3 俄语教材教师培训

2023年6月29日—30日，由教育部高等学校外国语言文学类专业教学指导委员会俄语专业教学指导分委员会、中国俄罗斯东欧中亚学会俄语教学研究分会、北京外国语大学俄语学院、外研社共同举办的"第八届全国高校俄语专业教学法学术研讨会暨'理解当代中国'俄语系列教材与课程建设高端论坛"在北京外国语大学成功举办。会议聚焦"理解当代中国"系列教材课程设计和国家级一流课程建设两大主题，特邀北京大学、北京外国语大学、四川外国语大学等学校的专家学者分享授课经验和心得。

为帮助各高校任课教师准确把握"理解当代中国"系列教材的主要精神和重点内容，由教育部高等学校外国语言文学类专业教学指导委员会、北京外国语大学主办，外研社承办的"全国高等学校《理解当代中国》系列教材任课教师培训"于2023年8月2日—3日成功举办。培训内容包括习近平新时代中国特色社会主义思想专题辅导报告、教材使用培训和教学示范等。

此外，外研社借助信息化手段创新教研形态，与大连外国语大学联合推出"理解当代中国俄语系列"虚拟教研室，通过该平台让广大俄语教师互联互通、共建共享，更好地把握教材的指导思想、编写宗旨和教学方法，确保教材使用效果和人才培养成效。截至2023年12月，"理解当代中国俄语系列"虚拟教研室已成功举办12期，针对系列教材邀请一线教师通过具体单元讲解教学设计思路、教学步骤、教学重点和难点等，参与者累计近2,500人次。

5.3 德语教材

5.3.1 德语教材出版概况

2023年，外研社、外教社、同济大学出版社、高教社、浙江大学出版社共出版12本德语教材。新出版的德语教材呈现出以下两个特点：基于专业课程建设需要，教材内容全面升级；适应就业实际需要，教材体系全面扩充。

1) 基于专业课程建设需要，教材内容全新升级

在德语专业教材建设方面，外研社在2023年对德语专业基础教材进行升级换代，推出了面向德语专业本科一、二年级的综合性语言教育教材——"新经典德语"系列教材，并出版了《新经典德语1学生用书》。该教材以中国特色外语教育理论"产出导向法"为基础，从中国外语教学环境和教学实践出发，融合了"教"（课程论）和"学"（二语习得）两个视角的理论精华。

在大学公共外语、第二外语的德语教材建设方面，外研社加大新教材的研发力度，出版了"新一代大学德语"系列教材。继2022年出版《新一代大学德语1学生用书》后，2023年又出版了《新一代大学德语2学生用书》。"新一代大学德语"系列教材根据《大学德语教学指南（2021版）》编写，突出"以学生为主体""以任务为导向""以能力为目的"的教学理念，强调德语学习过程中的自我文化主体意识。该系列教材适合高等学校理、工、文、管等各学科非德语专业的本科生和研究生使用。在推出新系列教材的同时，外研社针对"新编大学德语"系列教材进行了内容和形式的升级改造，推出"新编大学德语（第三版）"系列教材。高教社出版了《大学德语（第四版）(2)》。该教材以日常生活和基本国情文化为主要内容，包含不同主题的课文，在注重培养跨文化能力的同时，也充分考虑中国学生的背景知识和国情知识积累，因此教材中增加了中国元素。

2) 适应就业实际需要，教材体系全面扩充

2023年，各出版机构都在德语专项教材方面进行深耕细作。外教社出版了《德语听说强化训练B1》、《德语国家社会与文化》（第二版）、《德语语音教程》（第二版）等。同济大学出版社针对德语翻译课程出版了《德汉译介理论与实践》和《德汉专利翻译教程》，针对德语口语课程出版了《新编欧标德语中级口语教程（B1）》等。浙江大学出版社出版了《汉德比较翻译教程》。

表5.2 2023 年德语教材出版一览表

课程类型	教材名称	主编	出版社	出版时间
专业核心课程	新经典德语系列：新经典德语 1 学生用书	贾文键等	外语教学与研究出版社	2023 年 6 月
德语二外、基础课程	新编大学德语系列：新编大学德语（第三版）学生用书	朱建华等	外语教学与研究出版社	2023 年 1 月
德语二外、基础课程	新一代大学德语系列：新一代大学德语 2 学生用书	赵 劲等	外语教学与研究出版社	2023 年 12 月
德语二外、基础课程	大学德语（第四版）（2）	姜爱红、梁珊珊	高等教育出版社	2023 年 3 月
德语二外、基础课程	超越德语综合教程：零基础入门	曹 洁	同济大学出版社	2023 年 10 月
听说方向课程	德语强化训练系列：德语听说强化训练 B1	[德]施纳克	上海外语教育出版社	2023 年 4 月
德语国家国情课程	新世纪高等学校德语专业本科生系列教材 德语国家社会与文化（第二版）	刘 炜、魏育青	上海外语教育出版社	2023 年 6 月
听说方向课程	新世纪高等学校德语专业本科生系列教材 德语语音教程（第二版）	李 媛、赵蔚婕	上海外语教育出版社	2023 年 10 月
口语方向课程	新编欧标德语中级口语教程（B1）	郑 彧、王 晔、倪晓姗	同济大学出版社	2023 年 7 月
翻译方向课程	德汉译介理论与实践	王颖频、赵 亘	同济大学出版社	2023 年 10 月
翻译方向课程	汉德比较翻译教程	陈 巍	浙江大学出版社	2023 年 11 月
翻译方向课程	德汉专利翻译教程	廖 峻、何志欣	同济大学出版社	2023 年 12 月

5.3.2 德语教材使用案例

高等学校"理解当代中国"德语系列教材于 2022 年 7 月正式出版，并于 2022 年秋季学期面向全国普通本科高校德语语言文学类专业本科生、研究生推广使用。经过 2022—2023 年的使用与磨合，多所院校对如何使用该教材进行了一系列课程设计和安排，并将该教材的使用写入人才培养方案。此外，自 2022 年，外研社也陆续出版"新一代大学德语"系列教材的多本图书。经调研，截至 2023 年 12 月，全国共有 20 所院校使用"新一代大学德语"系列教材。

大连外国语大学：改造课程，融合教材

大连外国语大学将本校人才培养方案（2021 版）中的"德语分析阅读"课程进行替换，新课程使用《德语读写教程》，开课年级为 2021 级，课程性质为专业必修课，教学周期为一学期，共 34 学时，计 2 学分。将人才培养方案（2021 版）中的"跨文化交际"课程进行改造，融入《德语演讲教程》的使用，开课年级为 2021 级，课程性质为专业必修课，教学周期为一学期，共 34 学时，计 2 学分。同时，将人才培养方案（2019 和 2021 版）中的"德语笔译理论与实践 2"课程进行替换，新课程使用《汉德翻译教程》，开课年级为 2019 级，课程性质为专业必修课，教学周期为一学期，共 34 学时，计 2 学分。

兰州大学：教材深度融入课程，核心概念精讲精练

兰州大学在第七学期的专业核心课"德汉笔译"融入使用《高级汉德翻译教程》。专业核心课"高级德语"融入使用《德语读写教程》。专业核心课"德汉口译 1/2"融入使用《汉德翻译教程》，"德汉口译 2/2"以《汉德翻译教程》为主要教材。教师将教材与课程进行深度融合，核心概念全部进行精讲精练。"中国文化概论（德语）"课程融入使用《德语演讲教程》。

北京理工大学：培养自主学习能力，注重学习过程评价

"德语演讲课程"是该校德语专业三年级学生的专业必修课程，使用的主要教材是《德语演讲教程》。该课程旨在帮助学生掌握习近平治国理政思想，理解当代中国的发展与成就，培养学生的自主学习和合作能力、跨文化思辨能力、话语建构能力，提高学生向国际社会和友人讲好中国故事的能力，培养有家国情怀和国际视野的外语人才。该课程将平时成绩占比提高到总成绩的50%，以个人演讲展示作为期末考核形式。此外，将《德语读写教程》《汉德翻译教程》《高级汉德翻译教程》三本教材融入了专项课堂。

湖州师范学院：服务公共外语教学

湖州师范学院的德语公共外语课程选用"新一代大学德语"系列教材，每周授课3学时。"新一代大学德语"系列教材将语音学习分解到每个单元中，便于零基础学生学习。课程提供比较有趣的实践型练习和任务。教材配套的中、英、德三语词汇手册也很受学生欢迎。

5.3.3 德语教材教师培训

5.3.3.1 "理解当代中国"德语系列教材教师培训

为帮助任课教师深入理解教材编写理念，准确把握教材核心内容，及时交流教材教学方法，外研社分别于2023年3月24日、4月21日、5月12日、6月25日、10月20日和12月15日举办了6期"理解当代中国"德语系列教材虚拟教研室活动，以此深化教师对教材指导思想、编写理念与教学方法的把握，切实提高教材使用和人才培养成效。

8月2日—3日，由教育部高等学校外国语言文学类专业教学指导委员会、北京外国语大学主办，外研社承办的"全国高等学校'理解当代中国'系列教材任课教师培训"成功举办。教育部高等教育司相关负责同志、省级教育行政部门相关负责同志、教育部高等学校外国语言文学类专业教学指导委员会委员、"理解当代中国"系列教材编写团队和各语种任课教师共计4万余人参会，深入领会"三进"教学要求，提升教师育人育才能力，推动外语自主知识体系创新，共助高等外语教育高质量发展。

5.3.3.2　德语专业教材教师培训

2023 年 7 月 13 日—14 日,"高等学校德语专业基础阶段教学高质量发展研讨会暨《新经典德语》新书发布会"在北京举办。该会议由北京外国语大学和教育部高等学校外国语言文学类专业教学指导委员会德语专业教学指导分委员会全国德语教师发展中心共同主办,外研社承办。来自全国 40 多所高校的 120 余名德语教育专家、学者与一线教师齐聚一堂,共同探讨高校德语专业基础教学与发展的新方向、新教材、新征程,分享教学成果与实践经验,助推德语教育教学高质量发展。

5.3.3.3　大学德语教材教师培训

2023 年 2 月 19 日和 4 月 8 日,外研社举办了两期"新一代大学德语"虚拟教研室。虚拟教研室特邀教材编者团队与优秀一线教师紧扣教学需求,讲解教学设计思路,旨在帮助任课教师深入理解教材编写理念,准确把握教材核心内容,及时交流教材教学方法,切实提高教师教材使用和人才培养成效。

5 月 13 日—14 日,由教育部高等学校大学外语教学指导委员会德语组(以下简称"大指委德语组")主办,外研社与西南交通大学联合承办的"2023 全国高校大学德语课程设计和教学方法研讨会"于四川成都举办。在该研讨会中,大指委德语组专家及高校德语骨干教师围绕"立德树人,推动大学德语教育服务国家战略发展"主题,在研讨会报告中结合新形势下国家战略需求与高校外语人才培养定位,与参会教师共同探讨交流大学德语教学与发展的新方向、新路径,助力教师提升教学理论素养、增强教学设计与教学实践能力,推动大学德语师资队伍建设。该研讨会参会教师来自全国 40 余所高校,覆盖了我国多个省市的文、理、工科及综合性大学。

5.3.3.4　德语教学教法培训

2023 年 7 月 26 日—29 日,"2023 外教社全国德语教师教学法暑期研修班"于山东烟台举办。该研修班由外教社与北京德国文化中心·歌德学院（中国）联合主办，聚焦"德语教学法"这一主题，围绕教学理念、教学方法、教学实践等多个方面，通过层层递进、环环相扣的研修环节，切实帮助德语教师掌握前沿教学理论，提升教学实践能力，培养更具竞争力的德语人才。

5.4 法语教材

5.4.1 法语教材出版概况

2023年，在《教学指南》指导下，各出版机构进一步扩大法语教材出版版图，外研社、外教社、东华大学出版社等多家出版机构共出版11种法语教材，其中法语专业教材10种，大学法语教材1种。

在《普通高等学校本科专业类教学质量国家标准（外国语言文学类）》（以下简称《国标》）和《教学指南》指导下，法语专业教材建设顺应国家需求、构筑国际视野，不断推动法语专业新发展。2021年，外研社出版的《新经典法语》（第1—2册）获"北京市优质教材课件"奖项；2023年，外研社围绕"新经典法语"系列进一步完善教材建设，推进改版升级。继2021年出版《新经典法语（5）（学生用书）》后，外研社于2023年推出《新经典法语（6）（学生用书）》，教材内容兼顾语言能力培养和逻辑思维训练，同时恰当融入思政教育，并为使用院校提供更加丰富的资源支持，改善了高校法语专业长期以来缺少高年级阶段精读教材的状况。此外，基于院校反馈，外研社根据新的教学需求继续推出《新经典法语（2）（学生用书）》（第二版）。该教材内容经过优化迭代，同时引入中国文化知识，培养学生的家国情怀和全球视野。

专业方向课程方面，各出版机构根据高校法语专业的不同研究方向和人才培养的多层次需求，在基础课程和特色课程上双发力，助力培养复合型法语专业人才。外研社推出"外国文学经典汉译评析系列"教材，《法国文学经典汉译评析》于2023年2月出版，以法国经典文学作品的经典汉译为评析对象，为学生探索文学翻译提供了理论指导和实践资源。武汉大学出版社出版《法语口译基础教程》，聚焦专业词汇积累和口译技巧训练。东华大学出版社推出"医学法语丛书"系列，帮助学生熟悉医学词汇、了解医学伦理。外教社出版《法国戏剧选读》，将作品赏析品鉴与语言能力提升相融合，引领学生走进并深入理解法国戏剧。

大学法语课程方面，北京大学出版社出版适用于二外法语学习的《1453速成法语》。该教材依托曾获得北京大学教学成果奖的"1453教学法"，旨在帮助零基础学生在短时间内具备法语听、说、读、写能力。

表5.3 2023年法语教材出版一览表

课程类型	教材名称	主编	出版社	出版时间
专业核心课程	新经典法语（6）（学生用书）	傅荣总主编；杨晓敏、田妮娜主编	外语教学与研究出版社	2023年3月
	新经典法语（2）（学生用书）（第二版）	傅荣总主编；胡瑜、秦庆林主编	外语教学与研究出版社	2023年9月
	新经典法语阅读教程（2）	谈佳	外语教学与研究出版社	2023年12月
专业方向课程	外国文学经典汉译评析系列：法国文学经典汉译评析	许钧、王克非总主编；刘云虹主编	外语教学与研究出版社	2023年2月
	医学法语丛书：医学法语阅读	刘莉、仝燕	东华大学出版社	2023年1月

（待续）

（续表）

课程类型	教材名称	主编	出版社	出版时间
专业方向课程	医学法语丛书：医学法语	曹慧、全燕、刘莉	东华大学出版社	2023年3月
	法语口译基础教程	苏昉	武汉大学出版社	2023年2月
	法国戏剧选读	龙佳	上海外语教育出版社	2023年8月
	法语词汇学概论	程依荣	上海外语教育出版社	2023年9月
	基于语料库的法语写作教程	曹慧	上海交通大学出版社	2023年9月
大学法语课程	1453速成法语	孙凯	北京大学出版社	2023年4月

5.4.2 法语教材使用案例

四川外国语大学："一核多维"的课程模式与"知行融合"的教学模式

四川外国语大学法语学院"法语翻译理论与实践（3）"课程以"理解当代中国"法语系列中的《汉法翻译教程》为教材，使用过程中以提高文本理解分析能力、掌握翻译处理原则与技巧为中心，构建"一核多维"的课程模式：以课程思政为核心，对教材内容进行取舍，扩展专题知识，串联知识点的纵向和横向联系，培育知识结构，从政治、语言、文化、翻译四个维度对语篇、段落、句子和词汇进行对比分析，对比不同句型的使用和不同版本的翻译处理，分析重点和难点的处理。课堂之外，推进知行融合的教学模式：教师在组织学生前往美丽乡村、国防教育基地进行教学实践的基础上，还带领学生前往重庆地区精品文化所在地深入了解地区文化内涵。教师采取"课程+本地化专题+体验式叙事"的方式，以《汉法翻译教程》为载体，选取大足石刻、铜梁龙文化、梁平年画、抗战文化等本土文化精品为题材,通过叙事前准备和文化体验式实践,提升学生对汉法两种语言的驾驭能力,提高其对文化元素和文化内涵的理解能力和表达能力,避免文化叙事浅层化,培养学生对重庆地区文化的国际传播能力。在课后练习中,教师通过"了解背景—建立图式—理论指导—语言差异—翻译技巧—点评总结"六个步骤使学生了解翻译练习主题的现实意义和相关背景,把握语言差异,掌握翻译技巧,提高翻译理解力和表达力。

西南林业大学:"以读促说、以说促读"的教学实践

西南林业大学法语系面向法语专业本科三年级学生开设高级视听说课程,以"理解当代中国"法语系列中的《法语演讲教程》为主要教材,授课基于学生学情、课程思政融合以及教材特色,以翻转课堂为主要教学形式,系统学习习近平新时代中国特色社会主义思想及其法语表达。

翻转课堂作为一种创新型教学模式,涉及各方面的知识整合,具有很强的融合性、互动性和对接性,能够使"教"与"学"有效结合,既有利于推动教学模式创新发展,也有助于提高学生的法语综合素质。在翻转课堂模式下,教师需要引导学生做好充分的课前预习及课堂实践展示;学生也可以在学习过程中进一步提升思辨能力与创新能力,并充分发挥自主性,更多地参与课堂教学实践。

在具体的教学实践中,教师通过"以读促说",达到"以说促读"的目的。以读促说中的"读"更偏向于泛读,侧重于鼓励学生输出表达,这首先要求学生能在正确理解的基础上熟读。基于此,进行下一阶段——以说促读,这里的"读"则要求学生将文章内化后进一步深入认识,以能感动他人的语言为载体,讲好中国故事,传播中国声音,增强文化自信。在以上两个阶段中,"开口说"是很重要的环节,体现出了泛读与精读相结合的特点。

中国传媒大学:基于多模态输入和输出的教学改革

2021年秋季学期,中国传媒大学外国语言文化学院首次在本科三年级高级法语课上使用"新经典法语"系列高年级精读教材《新经典法语（5）（学生用书）》和《新经典法语（6）（学生用书）》。教学团队结合教材内容和学生学习特点，设计了基于多模态输出的教学思路。

相比于其他院校，中国传媒大学法语专业学生有如下特色：学生上课互动积极、思维活跃；大部分学生都具备音视频剪辑等多媒体领域的技能；学生普遍对新闻传播专业有广泛兴趣。教师应充当学生学习的"脚手架"，因材施教，特别是在面对有良好自学能力的高年级学生时。《新经典法语（5）（学生用书）》和《新经典法语（6）（学生用书）》中，每个单元都有清晰的教学主题，既体现语言文化教育，也包含价值观教育。在充分认识到这一点后，教师在授课前给学生布置课前预习任务，引导学生就课文主题搜索相关文献，例如共享经济、极简主义、微小文学等，每一课都从集体讨论入手。教师同时使用图片、视频等多模态资源，给学生提供词汇和观点，帮助学生打开思路，激发学生对课文主题的兴趣。在深入讲解课文时，教师会突出重点，从每篇文章中选择 10 个以内的重点词汇系统讲解其用法及搭配，在例句中体现真实性，并巧妙融入思政元素。对于语言输出类练习，教师会在教材原有练习的基础上增加多种不同的形式，然后把学生分组，鼓励学生采用多模态形式输出，尽可能将课本练习改编成真实的任务。

总而言之，在融媒体快速发展的时代，人们对视觉效果的需求日益增加，外语教学不能故步自封、局限在纸质材料中，而应融入视觉、听觉、触觉等多模态信息的输入和输出，这样才能最大程度地将课本内容与真实生活接轨。经过两年的教学实践，2019 级法语班多名学生被保送到新闻传播专业，其中包括中国传媒大学媒体融合与传播国家重点实验室、中国传媒大学电视学院等，两名学生被外交部录用，还有多名学生考入国外知名学府的新闻传播学院。这样的教学方法会为国家培养更多既懂外语又懂传播的国际传播人才。

北京第二外国语学院：结合学情、有针对性开展的二外法语教学

北京第二外国语学院于 2020 年开始将"新编大学法语"系列作为法语

第二外语教材,其中,第一册用于二年级法语零起点学生,第二册用于三年级学生(学习一年后的学生)。第一册使用一年,教学实际应用整体效果良好。在使用一年后,二年级零起点学生改为使用校内自建基础法语慕课。第二册于2021年首次使用,并延续至今,教学内容可以与校内自建慕课很好地衔接。

该校第二外语每学期17周,每周4课时。教学进度基本为两周一课,除去期中、期末考试及复习周,每学期可以完成六至七课的学习。因此,三年级学生在一年的学习后,一般能学完教材第二册全部内容,并在最后一个月开始学习第三册内容,主要学习语法,基本能学完第三册三至四课。这样的话,学生的考研需求可以基本得到满足。

"新编大学法语"系列教材内容较为新颖,能激发学生的学习兴趣,同时,教材配备课件及音频文件等资源,方便教师教学。具体而言,每课内容包括课文、语法、词汇表达拓展、练习（Ⅰ、Ⅱ）、阅读、写作、文化等部分。该系列教材内容较为丰富,但受课时所限,需要筛选内容,进行选择性教学。在实际教学中,授课教师会对每课内容有所取舍,突出重点,例如主讲语法、课文和练习,做到精讲精练；但因课时限制,可能会略去词汇表达拓展、阅读及写作以及有一定难度的课后练习等。

5.4.3 法语教材教师培训

2023年,外研社在线上举办6期"理解当代中国法语系列"虚拟教研室和1期"新经典法语"虚拟教研室,吸引千余名高校教师参与。与此同时,外研社也在线上开展两期多语种教师研修班:4月7日—9日、15日—16日"课程思政与教学实践能力提升研修班",11月17日—19日、24日—25日"科研能力提升研修班(区域国别学方向)"。此外,5月12日—14日,外研社联合暨南大学在广州举办"第六届高校法语专业课程设计与教学方法研讨会",来自全国80余所院校的140余位院系领导、教学专家、专业负责人和一线教师参加会议。会议设置主旨报告、圆桌论坛、观摩研讨等环节：主旨报告邀请专家指引高等法语教育发展宏观布局；圆桌论坛邀请院系负责人探讨法语专业"三进"工作的落实；观摩研讨邀请一线教师分别就精读、翻译、演讲等法语专业课程进行真实课堂示范。会议旨在推动全国高校法语专业以党的二十大精神为指引，主动担当作为，助力我国高素质国际化人才培养，切实提升高校法语教师的专业水平和教学能力，共同促进法语专业教育高质量发展。

高教社联合山东大学于 4 月 21 日—23 日在济南举办"新时代大学法语教学高质量发展研讨会"。来自全国 40 余所高校的 60 余名法语教师参加会议，院校层次覆盖综合性院校、外语类院校、理工类院校和高职院校，涵盖专业法语，大学法语一外、二外和公选课等各种类型。研讨会围绕大学法语教学高质量发展、大学法语赋能全球胜任力培养、课程思政教学实践、混合式教学探索、大学法语四六级考试改革、教材编写等议题展开深入探讨。

外教社于 7 月 21 日—24 日在山东烟台举办"2023 外教社全国高校多语种教师教学素养提升暑期研修班"，150 余名教师参加研修。研修班聚焦"课程思政"与"信息化教学"两大主题，融合理论学习、现场实践、答疑解惑等多个环节，邀请专家、学者同参会教师研讨外语教学的多种路径，推动新时代多语种教师队伍建设。四川外国语大学成都学院沈光临教授在研修班上作以"多语课程思政建设的基本思路与实施路径"为主题的主旨报告。

上海外国语大学于 7 月 3 日举办第四期"法语外语教学理论与实践"暑期研修班，为期一周，全国 20 余所大学、中学与机构的 30 多名法语教师参加研修。研修班由"法语外语教学教材中的语言和文化教育"及"DELF/DALF：评估标准与实践"两大模块组成，涵盖法语外语教学理论与实践的多方面内容，旨在引导法语教师理实结合，提高教学实践能力。

由教育部高等学校外国语言文学类专业教学指导委员会、广东省高等学校外国语言文学类专业教学指导委员会主办，广东外语外贸大学承办，外研社协办的"'理解·融通·传播''理解当代中国'系列教材教学研讨会暨梁宗岱先生诞辰 120 周年研讨会"于 12 月 1 日—2 日在广东外语外贸大学白云山校区举办。来自全国 50 余所院校的百余位专家、学者和一线教师参会。会议围绕梁宗岱研究、"理解当代中国"系列教材编写与教学研究、课程思政建设、一流专业建设等主题，探讨"理解当代中国"课程教学，融通多语种高素质外语人才培养理念，聚焦国际传播能力建设，服务国家战略需求，从而推进新时代高校外语专业改革发展和外语人才培养模式创新。

5.5 日语教材

5.5.1 日语教材出版概况

2023 年，各出版机构在日语高等教育教材出版方面卓有成效。外研社、外教社、大连理工大学出版社和华东理工大学出版社共出版了 26 种教材，其中日语专业教材 15 种，大学日语教材 11 种。

在专业核心课程教材建设方面，外研社积极落实《国标》《教学指南》以及党的二十大精神，对《新经典日本语》（第二版）教材进行修订，于 9 月出版了《新经典日本语基础教程》（第一册）（第三版）、《新经典日本语会话教程》（第一册）（第三版）、《新经典日本语听力教程》（第一册）（第三版）。修订后的教材在内容上推陈出新、与时俱进，加大课程思政相关内容的比例，将党的二十大精神有机融入语言学习，把"立德树人"作为教育、教学的首要任务，使专业课程与课程思政同向同行。教材强调任务型教学法在教学中的运用，以输出为驱动，培养学生的语言运用能力、思辨能力、跨文化交际能力、自主学习能力等，凸显了现代教育认知理论在教学中的重要性。此外，为解决日语专业本科生向研究生过渡阶段可能存在的写作能力不足的问题，外研社于 9 月出版了《日语学术写作与研究方法》。该教材通过"研究的基础""研究课题的设定""引言的撰写""文献检索的方法和流程"等板块的详细讲解，将语言学习与知识探究有机融合，体现"启发延展、学思并举"的特色。学生可通过自主学习、合作探究、互评互学相结合的方式进行拓展练习和过程反思，培养批判性思维能力，同步提升学术素养与论文写作技能。

大连理工大学出版社聚焦听、说两方面的基础日语能力，于 8 月出版了《中级日语听力教程（下）》（第 4 版）、《初级日语会话教程》（第 2 版）、《中级日语会话教程（上）》（第 3 版）、《中级日语会话教程（下）》（第 3 版）和《高级日语会话教程》（第 3 版）。其中，《中级日语听力教程（下）》（第 4 版）为"听力教程"系列的一个分册，以零起点日语专业学生为教学对象，以学校、家庭、社会、风俗习惯、科普常识等为主要内容，涵盖语言基础知识、听力基本技能训练的各个方面，兼顾语言运用能力与思辨能力的培养，能够体现时代性和中华文化元素的融入。其他四本教材均为旧版教材的修订版，适合大学日语专业零基础学生使用。教材在教学目标设置上，使素质教育和能力教育并行，将思政教育落到实处，修订后更具时代性和实用性。

在专业方向课程教材建设方面，根据《教学指南》精神，日语专业方向课程可设置语言文学方向和特色复合型方向。针对语言文学方向课程，外研社于 2023 年推出多语种"外国文学经典汉译评析系列"，其中，《日本文学经典汉译评析》于 11 月出版。该教材以日本经典文学作品的经典汉译为评析对象，通过译文与原文的对照分析，引导学生对文学翻译进行深入的理论思考与实践探索。另外，针对此方向课程，大连理工大学出版社出版了《日本文学史概论》。该教材可用于本科高年级学生的文学专业课。教材内容主要介绍与评述日本的文学发展史，对日本文学的发端、沿革、嬗变的历史轨迹、重要流派、主要作家及其代表作品进行阐述与评价。此外，外教社出版《新编日语古典语法入门教程》和《新编日语语法教程》（第二版）。其中，前者为面向高等学校日语专业学生的日语古典语法教材，同时也可供日语自学者自修及日语研究者和工作者参考使用；后者是基于第一版修订的版本，修订后的教材内容新颖，可用于日语专业本科教学，也可用作考研参考书目。

在区域与国别研究方向教材建设方面，华东理工大学出版社出版了《日本概况》。"日本概况"是《国标》规定的日语专业核心课程，也是学科基础课"区域与国别研究"的重要课程。《日本概况》面向日语专业本科学生，通过对日本地理、社会、文化、历史、政治、经济、教育、日语语言、日本文学等内容的讲解，既能让学生较全面地了解日本的国情，为日语专业其他课程的学习提供社会文化的背景知识，又能扩大学生的国际视野，培养其跨文化交际能力和思辨能力。

在专业课程商务方向教材建设方面，外研社出版"新经典日本语"系列高年级阶段教材——《新经典日本语情景商务日语教程》。该教材旨在培养学生开展商务活动所需要的视、听、说以及跨文化交际能力，通过商务用语、就业指导、商务礼仪、商务接待、商务沟通技巧的讲解，从语言、举止、意识等角度全方位帮助学生熟练掌握工作中常用的商务知识。教材使用大量插图模拟真实场景，以问答形式导入商务知识，再通过练习题和挑战题巩固知识、训练能力，达到学以致用的目的。

在大学公共外语、第二外语教材建设方面，外研社进一步完善面向大学本科及研究生公共外语、第二外语的日语教材体系，出版零起点大学公共外语、第二外语教材《新标准日语教程》（第三册）。该教材根据大学公共外语和二外学生的学习特点，合理安排单词和语法的体量，内容贴近新时代生活，融入"立德树人"的思政教育，语法按照日语学习规律编排，循序渐进，同时围绕课程思政在教学中的实际展开为使用院校提供全面的资源支持。此外，针对非零起点大学日语学习者，外研社出版了《新一代大学日语》（第三册）。该教材以"以可持续发展为中心思想的日语教育"为编写理念，注重同步发展学习者的语言能力与思维能力，旨在帮助学习者提升日语综合能力，培养学习者的核心素养，使学习者加深对个人人生发展与人类可持续发展等话题的理解。同时，顺应数字时代学习者的需求，外研社采用纸质教材+数字交互平台的形式，开发并出版了《新标准日语教程》（智慧版）第 1—2 册。智慧版教材在保证原有纸质教材内容不变的基础上，依托 U 校园智慧教学云平台，增加了电子教材、思政数字课程、语法讲解微课等数字资源，可以使学习者实现交互式学习，助力教师进行智慧化教学。

华东理工大学出版社也针对非零起点大学日语学习者的需求，出版了《新视角大学日语教程》第 1—4 册。教材专门用于大学公共日语课程，内容贴近日常生活，语言生动、形式活泼，并将大学日语学习与立德树人根本任务相结合，特别设置了"思政课堂"板块，让学习者在学习日语的过程中了解中日两国的语言文化，讲好中国故事、传播好中国声音。

大连理工大学出版社针对零起点大学日语学习者，出版了《新思路大学日语 1》。该教材适用于非日语专业学生在本科和研究生阶段的必修或选修公共课。教材编写以习近平新时代中国特色社会主义思想为指导，以贯彻党的教育方针、落实立德树人根本任务为原则，坚持显性教育与隐性教育相统一。同时，针对非零起点大学日语学习者，大连理工大学出版社出版了《新标准大学日语 1》。该教材包括语言基础知识及 20 篇课文，基于在日留学生的日常生活、学习、交友、工作等情境进行编写，让学习者身临其境地体验地道的日语，并引导其树立正确的世界观、人生观和价值观。

外教社在新时期大学日语教学改革的要求下，对《新大学日语标准教程（提高篇）》进行了修订。修订版教材充分贯彻《教学指南》的精神，编写设计兼具工具性和人文性，既重视语言的基础训练和运用，又重视人文精神和思辨能力的培养。

表5.4 2023年日语教材出版一览表

课程类型	教材名称	主编	出版社	出版时间
专业核心课程	新经典日本语基础教程（第一册）（第三版）	于飞、王猛、胡小春	外语教学与研究出版社	2023年9月
	新经典日本语会话教程（第一册）（第三版）	王猛、吕萍、于飞	外语教学与研究出版社	2023年9月
	新经典日本语听力教程（第一册）（第三版）	刘晓华、罗米良、苏君业	外语教学与研究出版社	2023年9月
	日语学术写作与研究方法	杨秀娥、费晓东	外语教学与研究出版社	2023年9月
	中级日语听力教程（下）（第4版）	柴红梅等	大连理工大学出版社	2023年8月
	初级日语会话教程（第2版）	王霞、王昕、陈亚敏	大连理工大学出版社	2023年8月
	中级日语会话教程（上）（第3版）	王霞、李晓霞	大连理工大学出版社	2023年8月
	中级日语会话教程（下）（第3版）	王霞、李洁	大连理工大学出版社	2023年8月
	高级日语会话教程（第3版）	王霞、王盟	大连理工大学出版社	2023年8月
专业课程语言文学方向	外国文学经典汉译评析系列：日本文学经典汉译评析	林少华	外语教学与研究出版社	2023年11月
专业课程语言文学方向	日本文学史概论	刘利国、罗丽杰	大连理工大学出版社	2023年7月
	新编日语古典语法入门教程	皮细庚	上海外语教育出版社	2023年3月
	新编日语语法教程（第二版）	皮细庚	上海外语教育出版社	2023年4月

（待续）

（续表）

课程类型	教材名称	主编	出版社	出版时间
区域与国别研究方向	日本概况	张正军	华东理工大学出版社	2023年3月
专业课程商务方向	新经典日本语情景商务日语教程	朴慧淑等	外语教学与研究出版社	2023年3月
大学公外、二外日语教材	新一代大学日语（第三册）	穆　红	外语教学与研究出版社	2023年9月
	新标准日语教程（第三册）	高　阳	外语教学与研究出版社	2023年3月
	新标准日语教程（第一册）（智慧版）	陈爱阳	外语教学与研究出版社	2023年5月
	新标准日语教程（第二册）（智慧版）	张元卉	外语教学与研究出版社	2023年12月
	新视角大学日语教程1-4	刘　峰、王健宜、赵　平	华东理工大学出版社	2023年7月
大学公外、二外日语教材	新思路大学日语1	熊　磊、陈　岗、黄虎清	大连理工大学出版社	2023年8月
	新标准大学日语1	张艳菊、孙惠俊、李妍妍	大连理工大学出版社	2023年9月
	新大学日语标准教程（提高篇）1 第二版	陶　芸	上海外语教育出版社	2023年11月

5.5.2　日语教材使用案例

福建师范大学协和学院：产学研"三位一体"，全面落实育人目标

从2022年开始，福建师范大学协和学院外语系日语专业基于外研社出版的"理解当代中国"系列教材中的《日语读写教程》《日语演讲教程》和《汉日翻译教程》专门开设相应课程，以该系列课程为引领，建设外语课程思政群。在新文科背景下，课程以立德树人为目标，秉持"校地联动、思政铸魂、创新实践"的培养新理念，采用线上线下相结合的教学模式，建立课程与实践多元体系，促进教学与科研相互转化，全面推进"三全育人"综合改革和"三进"工作。

教师在教学过程中，深度挖掘教材中的思政元素，将其有机融入教学内容。线上课堂主要是基于学习资源实现互动，始终坚持"以学生为中心"，通过在线上教学平台设置丰富有趣的教学资源，同时设计驱动式学习任务，引导学生自主学习。线下课堂则以实践为主，通过师生互动、生生互动，将教学活动的重心放在引导学生"开口说""动手写""用脑译"上。在课后布置拓展任务时，教师让学生结合课程内容制作视频、PPT等，学习用日语讲好中国故事和进行中日文化交流，使学生体会不同语言与文化的魅力及其差异，增强跨文化交际意识，提高跨文化交际能力。在课外实践活动中，学院与国内外院校、科研平台联动交流，开设线上线下讲座和座谈会，涵盖政治、经济、文化等内容，有利于拓宽学生视野，推进中日双向交流；创办"音味有你"和"音味有趣"特色专栏，鼓励学生翻译、诵读经典文献；打造学院文化品牌"外语文化节"，组织学生参与日语书写、配音、朗读、演讲、翻译比赛等；打造"开心课堂"志愿品牌项目，创办大学生创新创业培训班，与档案馆等单位合作建立课程思政实践基地。此外，学院还积极组织学生参与外事志愿服务，参与教师的教研课题，出版译著和发表论文。

线上与线下相结合、教研与实践相转化、课前—课中—课后有机统一的教学方式，帮助学生夯实专业知识，培养家国情怀，拓展全球视野，提高实践能力，旨在达成培养具有国际竞争力的高素质复合型外语人才的育人目标。

江西农业大学：置身其中去理解，身体力行讲中国

江西农业大学外国语学院日语专业（每个年级两个班，共65人）自2022年起将"理解当代中国"系列教材中的《日语读写教程》作为日语专业三年级"高级日语阅读"课程的教材。课程以"技能训练、能力培养、价值塑造"为目标，旨在帮助学生夯实外语基本功，在精进日语阅读技能的同时，掌握中国特色话语体系，提高用日语讲好中国故事、用中国理论解读中国实践的能力；培养学生成为具有家国情怀、全球视野、专业本领的高素质国际化外语人才，落实好育人育才根本任务。由于《日语读写教程》内容本身具有很强的政治性，文章解读的过程就是思政育人的过程。课程教学设计秉持"置身其中去理解，身体力行讲中国"的基本方针和目标，始终贯彻"以学生为中心"的教育理念，践行师生协力、共同探索的课程推进模式。

课前，教师通过线上平台发布学习资料、讨论话题等预习任务，引导学生主动查阅、积极思考、乐于表达。课中，教师发挥"脚手架"作用，通过文章结构解析、内容解读、小组讨论等方式调动学生积极参与课堂探索，帮助学生提高阅读技能的同时，引导他们置身其中理解文章内容，掌握中国特色话语体系的日语表达方式，培养用日语讲好中国故事的能力。课后，教师通过相关资料延伸阅读、身边现象思考讨论等方式巩固学生对课文的理解，提升其实际运用能力，加强学生身体力行讲好中国故事的日语综合运用能力。该课程通过线上线下相结合、课前—课中—课后有机统一的教学方式，将技能训练、能力培养、价值塑造融为一体，形成知识、能力、价值"三位一体"的课程育人模式，引导学生加深对当代中国的理解，增强日语综合运用能力，达到知识技能培养与立德树人相统一的育人育才目标。

武昌首义学院：学习"新一代"，实践"新一代"

武昌首义学院针对日语高考生，在大一下学期开设了公共日语基础课程。该课程选用了外研社出版的《新一代大学日语》（第一册）教材。教师结合该教材"用日语学习"的编写理念，把培养学生的日语应用能力、提升学生的思想道德修养作为课程的主要目标，将其渗透课程教学的每一个环节。

以2022—2023年秋季学期为例，每一次授课都分为准备、课文精讲、语法精讲和小组课题四个环节。准备环节强调现实性，教师以口语会话形式引导学生用日语列举生活中的常见事例作为内容导入。课文精讲环节强调思想性，教师以教材的"阅读指南"为线索，让学生一边阅读原文，一边对文章内容展开即时性思考讨论。语法精讲环节强调学生的自主性，教师让学生自主梳理语法重点脉络，也会适度增加开放性练习题，让学生在运用语法知识的同时发散思维。小组课题环节强调综合性，教师借鉴"对分课堂"的"ABBC"式分组模式对学生进行分组并设置小组课题，在鼓励学生用日语查资料、表观点、理逻辑、做展示的同时，加强小组课题的深入性和表现形式的开放性，帮助学生提升思维能力、协作能力等。

通过该模式，学生可以更好地"学日语"。学生的期末考试成绩平均分达到75.46，且有三人在第五届全国高校大学生外语水平能力大赛中获奖；更重要的是，学生能够"用日语"进行生活、社会等话题的反思和创意表达。例如在第九课"可持续发展城市"的小组课题中，学生以3D场景、图形建模、手绘、PPT等多种形式，展现了对未来都市的精彩规划。

北京理工大学：活用多媒体资源，调动学习积极性

北京理工大学一直致力于探索日语教育教学与信息技术的深度融合。近年来，该校尝试在"日语二外"课程中采用混合式教学模式，结合传统学习方式与e-Learning的优势，利用多种移动终端及媒体技术在线上开展教学。同时，线上教学与线下课堂活动相配合，二者优势互补，发挥了教师和学生的自主性，也体现了学生作为学习主体的主动性、积极性与创造性。此外，北京理工大学还利用《新标准日语教程》（智慧版）大幅提高了课下的教学活动的效率和质量。

在教学模式上，北京理工大学在"日语二外"课程中采用混合式教学模式，将传统学习方式与e-Learning相结合。学生可以通过乐学、MOOC、SPOC、慕课堂、微信、QQ、钉钉、腾讯会议、雨课堂等多种移动终端及媒体技术在线上展开学习。

在学习者数量扩容方面，自 2020 年，北京理工大学利用自建的慕课整合教学资源，开设了"日语二外"SPOC，将学习者容量扩展至每学期 150—250 名，大大提高了学生的选课量。2023 年起，院校正式启用《新标准日语教程》（智慧版）进行教学实践，通过 U 校园对学习平台进一步优化，实现教学管理的可视化。

在教材资源方面，北京理工大学基于《新标准日语教程》（智慧版）提供的微课、单词测试、语法测试等多种教学资源，令学生可以实现在线预习和自测，由此大幅提高了教学的效率和质量。同时，学生可以根据自己的需求、兴趣和学习进度选择合适的学习内容，提高了学习效率和积极性。

大连外国语大学：采用混合教学模式，发挥学生主体作用

从 2023 年下学期开始，大连外国语大学日本语学院日语专业本科一年级 411 名学生统一使用《新经典日本语基础教程》（第一册）（第三版）。该套教材目前已经出版《基础教程》《听力教程》《会话教程》第一册的第三版，分别对应"基础日语 1""日语视听 1""日语会话 1"三门课程。

教师结合教材第三版的设计和编写理念，将"立德树人"作为教育、教学的首要任务，专业课程与课程思政同向同行，将教材里与党的二十大精神相关的内容有机融入课堂教学。同时，在日语能力培养方面，教师结合教材的进阶式日语能力设计模式，注重培养学生基础阶段的日语学习能力和语言运用能力。

以《新经典日本语基础教程》（第一册）（第三版）为例。"基础日语 1"课程依托中国高校外语慕课平台和超星学习通平台，采用线上线下混合式教学模式。在教学过程中，教师坚持以学生为主体，以任务驱动为导向，以目标达成为指引，主要采用"任务驱动—合作学习—以产出为导向"的教学方法。具体教学过程分为三个环节：课前自主学习、课上互动学习和课后拓展巩固。"课前自主学习"是指教师针对平台发布的教学视频，布置课前预习任务，学生完成"我来记单词""我来记录""我来翻译"等任务。

"课上互动学习"是指在课堂教学时,教师积极引导学生采用小组讨论的形式共同思考,完成"大家来分享""大家来确认"等任务。"课后拓展巩固"是指学生课后完成平台发布的"线上测验""大家来归纳"等学习任务,巩固课堂学习效果。

通过一个学期的教材使用,该校取得了较好的教学成果。多类型任务不仅调动了学生的学习积极性,还提高了学生的自主学习能力。教师引导学生组成小组,在课堂活动和课后自主学习中,形成注重讨论交流、思维碰撞的探究式学习模式。教师以输出作为激发学生学习兴趣的驱动力,结合现实生活中的场景和学生自身经历设置拓展练习,极大地调动了学生的积极性,提高了学生的成就感。

5.5.3　日语教材教师培训

5.5.3.1　教师研修项目

2023 年 7 月 25 日—28 日,教育部高等学校外国语言文学类专业教学指导委员会日语分委会、教育部高等学校大学外语教学指导委员会日语组、中国日语教学研究会、高等学校大学外语教学研究会日语分会、外研社联合主办的"第七届全国高校日语学科中青年骨干教师高级研修班"。该研修班首次将专业日语和大学日语融合在一个研讨会中,近两百名专家学者和教师齐聚一堂,共同探讨新时期中国外语人才的培养方案与路径。研修班分为主旨报告、专题研修和实践工作坊三部分。专家围绕"服务国家战略,创新外语教育——新文科背景下的日语学科建设与融合发展""新时期大学日语课堂教学:教学目标、方法与评价""课程思政视域下的一流日语专业建设"三个主题进行了主旨报告,以"项目申报与学术写作""日语专业核心课程混合式教学模式新探索"和"大学日语教学实践探索"为主题进行了专题研修,最后,围绕有代表性的教材安排了教学工作坊,帮助参会教师深入理解教材核心内容,共同探讨新时期日语专业和大学日语课堂教学实践创新路径。

5.5.3.2 虚拟教研室

针对"理解当代中国"系列教材的使用，在教育部高等学校外国语言文学类专业教学指导委员会指导下，外研社于 2023 年 3 月 24 日—12 月 29 日围绕《日语读写教程》《日语演讲教程》《汉日翻译教程》和《高级汉日翻译教程》举办了 8 期"理解当代中国日语系列"虚拟教研室。这 8 期虚拟教研室活动分别邀请了各分册教材的编者介绍编写背景及编写理念、教材结构、教学实际情况等，并结合某一具体单元阐释教学设计思路、教学活动安排和教学重难点，以此解答一线教师教学中的疑惑。该系列虚拟教研室旨在助力授课教师深入把握教材的指导思想、编写理念和教学方法，提高教学实践能力和教材使用效果，提升外语人才培养成效。累计 1,600 余名教师通过线上接受了培训。

针对非零起点大学日语教学，外研社于 3 月 4 日和 11 月 28 日举办了两期"大学日语虚拟教研室"。教研室依托《新一代大学日语》系列教材，邀请教材主编及编者，分别以"大学日语教学改革与创新"和"《新一代大学日语》系列教材教学使用说明""《新一代大学日语》编写理念与特色"等为题进行专题报告，并通过在线问答的方式为一线教师答疑解惑。共计 400 余名教师参加培训。

针对零起点大学日语教学，外研社于 4 月 25 日、7 月 10 日和 8 月 29 日举办了 3 期"大学日语虚拟教研室"。教研室依托《新标准日语教程》系列教材，邀请教材核心作者及使用院校教师以公开课试讲的方式，分别对大学日语二外/公外课程的有效教学设计、分层教学及兴趣激发策略、混合式教学和智慧教学设计思路、大学日语教材数字化、思政教学设计等一线教师关注的话题进行了交流和探讨，为广大零起点大学日语一线教师提供了教学思路，并通过线上问答的方式予以指导，助力其提高教学实践能力。3 期虚拟教研室的参会教师人数近 800 人，累计观看量超过 5,000 人次。

5.5.3.3 教学交流活动

为探索高校大学日语课堂有效教学模式，展示优秀教学成果和案例，搭建大学日语教学交流平台，外研社在教育部高等学校外国语言文学类专业教学指导委员会的指导下于 2023 年 4 月 1 日举办了"大学日语教学开放周"活动。活动邀请《新一代大学日语》系列教材编委及一线教师以开放课堂的形式展示教学实况，促进教师互学互鉴、共同成长。200 余名教师在线参与了活动。

此外，为探讨新时代高校日语教学改革与发展新方向和新路径，一系列学术会议和论坛陆续举办。4 月 8 日—9 日，北京外国语大学在教育部高等学校外国语言文学类专业教学指导委员会的指导下举办了"第九届全国高校日语专业教学改革与发展高端论坛"。该论坛以"大道致远，知行合一"为主题，与会专家学者基于新时代背景，围绕高等日语教育服务国家发展战略、日语课程改革创新等议题，以主旨报告的方式交流思想和观点，共同探讨中国日语教育的未来与出路，为中国日语教育发展献计献策，为日语专业一线教师提供教学新思路。

4 月 14 日—16 日，中国日语教学研究会和外教社联合主办了"第二届新时代大学日语课程建设与教学发展研讨会"。研讨会以"锻造大外语金师，引领高质量发展"为主题，围绕大学日语课程思政建设、教师素养提升、智慧教学、中等日语教学与高等日语教学的衔接等重要议题，多位专家通过主旨报告、圆桌对谈和教学分享的形式分享了深入见解。研讨会旨在为全国高校大学日语教师提供跨校交流研讨的平台，促进大学日语教学质量提升，推动大学日语教学发展。

4 月 27 日—29 日，教育部高等学校外语类专业教学指导委员会日语分委员会、中国日语教学研究会、上海外国语大学和南昌大学联合主办了"第八届全国高校日语专业院长/系主任高级论坛"。论坛以"新时代 新征程 新发展"为主题，以主旨报告、圆桌论坛、专题论坛的形式展开，多位教育专家和资深教师围绕日语专业发展、教学改革、人才培养模式创新、一流课程建设、教师素养提升、教材编写、思政育人、智慧教学等议题展开了深入探讨，为新时代日语专业的高质量发展提供了新启发。

5月27日，教育部高等学校大学外语教学指导委员会日语组、高等学校大学外语教学研究会日语分会、外研社联合主办了"第四届全国高校大学日语教学改革与发展高端论坛"。论坛以"内容创新，数智赋能"为主题，百余名日语教育专家学者与一线教师参会，共同探讨新时代背景下大学日语教育改革创新思路，分享教学成果与实践经验，助推大学日语教育教学高质量发展。该论坛采取线上线下相结合的方式，共有 1,000 余名教师通过线上收看。

5.6　西班牙语教材

5.6.1　西班牙语教材出版概况

2023 年，国内各出版机构顺应时代需求，在《国标》和《教学指南》指导下，与西班牙语教学专家及高校教师合作，策划并出版了多部符合高校人才培养需求的高质量西班牙语系列教材。

在专业核心课程教材建设方面，外研社积极推动高等教育西班牙语教材体系的构建，出版了《现代西班牙语（学生用书）（5）》，进一步丰富了"现代西班牙语"系列。该套教材全面覆盖了从初级到高级的各个学习阶段，满足了专业化教学需求。

在专业方向课程教材建设方面，外研社结合高校西班牙语专业高年级的教学实际需求，策划出版了"新经典高等学校西班牙语专业高年级系列教材"。该套教材基本以西班牙语编写（翻译类除外），包含六个板块：语言学板块（如语言学导论）、文学板块（包括西班牙文学及拉丁美洲文学）、语言对象国文化板块（包括西班牙文化及拉丁美洲文化）、翻译板块（包括西译中、中译西及口译等）、中国文化板块（如中国旅游与文化）和国际贸易板块。2023年，该系列新增《拉丁美洲文化教程》一书。该系列教材旨在为西班牙语专业的学生提供全面、深入且实用的学术资料，以满足他们在专业学习方面的需求。

在特色方向课程教材建设方面，东华大学出版社出版了《外贸西班牙语函电》，商务印书馆出版了《经贸西班牙语口译教程》，旅游教育出版社出版了《经贸西班牙语教程》，北京理工大学出版社出版了《科技西班牙语》，北京语言大学出版社出版了"浙江省普通高校'十三五'新形态教材"《太极拳文化与实践（西班牙文版）》。这些特色方向的教材旨在培养具备语言技能和专业知识的复合型人才，为学生将来的职业生涯打下基础。

表5.5 2023年西班牙语教材出版一览表

课程类型	教材名称	主编	出版社	出版时间
专业核心课程	现代西班牙语（学生用书）(5)	董燕生、刘建	外语教学与研究出版社	2023年6月
专业方向课程	新经典高等学校西班牙语专业高年级系列教材 拉丁美洲文化教程	毛频	外语教学与研究出版社	2023年2月
特色方向课程	外贸西班牙语函电	姜云龙、岳琳、王润泽	东华大学出版社	2023年1月
	经贸西班牙语口译教程	刘鹏	商务印书馆	2023年4月
	经贸西班牙语教程	董杨、张笑寒	旅游教育出版社	2023年7月
	科技西班牙语	黄亦璇	北京理工大学出版社	2023年9月
	浙江省普通高校"十三五"新形态教材 太极拳文化与实践（西班牙文版）	吴炜	北京语言大学出版社	2023年9月

5.6.2 西班牙语教材使用案例

对外经济贸易大学：多元化教学模式推进教学改革

对外经济贸易大学外语学院面向西班牙语专业本科三年级学生开设文学方向类课程，以《拉丁美洲文化教程》作为核心教材，旨在拓展西班牙语专业学生对拉丁美洲的了解，并为其未来的深入学习和工作打下良好基础。该教材内容丰富多样，在实际教学过程中，教师根据教学目标和学生的实际情况灵活选用教材内容，有时甚至跨单元选取需要的材料，以最大程度地满足教学和学生的学习需求。针对不同教学内容，采用多元化的教学方法，包括话题讨论、任务驱动、互动问答、表演展示等，有效提升学生的参与度和学习热情。课程还融合了线上线下混合教学和翻转课堂模式，以丰富学生的学习体验。课前，教师通过课程平台提供相关的文化历史背景、阅读材料和延伸知识，学生根据单元导学图和任务驱动单自主预习。课中，教师运用多种教学策略，例如启发式问题讲授、引导思考、展示文化视频片段、学生讲演、小组讨论、协作式答疑等，优化学生的学习体验，并促进学生内化知识。课后，教师通过发送阅读材料和视频资源等方式，指导学生更加深入地自主研究和学习，旨在帮助学生扩展知识，提升理解力和逻辑思维能力。全面灵活的教学安排有效提升了学生的学习积极性和主动性，提升了教学效果。

首都师范大学：以教材为载体，"知我中国、讲我中国"

首都师范大学西班牙语系基于"理解当代中国"系列教材中的《西班牙语读写教程》《西班牙语演讲教程》和《西班牙语翻译教程》，为本科三年级学生新增了必修课程"知学中国"（西班牙语）。该课程旨在深度融合思政元素，创新外语教学模式，由"'理解当代中国'首师大西班牙语小讲师工作坊"支持，鼓励学生协作。教师在导师团队的引导下进行课堂准备、教案修正和课堂实操。教学目标是让学生掌握新时代中国特色社会主义话语体系、弘扬中华优秀传统文化，并能够就全球热点问题表达"中国态度"。

课程采用集体讨论和轮值主讲的形式，对教材内容进行提炼和补充，并设计丰富的课堂互动和小组活动，不仅提高学生的西班牙语能力，还帮助学生培养兴趣、开拓视野、弘扬家国情怀。教学内容重点在于"知我中国、讲我中国"主题式的双语教学，涉及政治、经济、科技等多个领域。课程设计形式多样，包括以小讲师为主体的课程设计、多样化的课堂活动、导师团队听课和学生反思日志等环节。在教学方法上，教师采用教学设计思维（teaching design thinking，简称 TDT）训练和项目式教学法（project-based learning，简称 PBL），创建多维学知空间，强化预习、展示和反思环节。此外，"西语知学小组"公众号持续分享备课、课堂实况和反思总结，帮助学生不断提升用西班牙语讲述中国的能力。

5.6.3　西班牙语教材教师培训

2023 年，"外研社西班牙语虚拟教研室"活动成功举办 8 期，分别针对《西班牙语读写教程》《西班牙语演讲教程》《汉西翻译教程》《高级汉西翻译教程》《拉丁美洲文化教程》《拉丁美洲文学教程（阅读篇）》和《拉丁美洲文学教程（文史篇）》作教材介绍和教学经验分享，参与者累计超过 1,000 人次。

6 月 2 日—3 日，由平顶山学院、西班牙马拉加大学主办，平顶山学院西班牙语中心承办，外研社协办的第三届西班牙语人才培养国际研讨会在平顶山举办。来自全国多所高校、中学、培训机构等的 50 余名专家与教师参与了会议，另有 117 人通过线上形式参会。会议设置圆桌论坛和主旨报告两个环节，为与会者提供了深入讨论交流的机会。在活动中，与会者集中讨论了新时期西班牙语教育发展的重要方面，尤其是如何在高等教育与基础教育之间建立更紧密的联系，交流了教学理念和教学经验。此外，与会者还深入探讨了如何创新课程体系设计，以及如何形成互融互通、合作共赢的教育格局，旨在促进西班牙语人才培养质量的提升。

7月7日—8日，2023第六届高校西班牙语专业教师发展和教学观摩研讨会在北京外国语大学成功举办。会议日程丰富多元，涵盖了主旨报告、专题报告、专题研讨、专业教学观摩以及教学研讨等环节。研讨会汇聚了来自全国近70所高校的150余位西班牙语教育领域的专家、学者和一线教师，共商新时代我国战略发展需求下的外语专业人才培养策略。与会者集中探讨新时代西班牙语教育改革新方案及教师发展新路径，分享优秀教学案例与实践经验。会议致力于提升高校西班牙语专业的教育质量，并关注教师专业成长，助力西班牙语教育事业的发展。专业教学观摩和研讨的重点在于如何更好地推动"理解当代中国"西班牙语系列课程和高年级专业课程的课堂建设和教学实践。会议邀请了经验丰富的专家和优秀教师，依托《西班牙语读写教程》《西班牙语演讲教程》《汉西翻译教程》《拉丁美洲文化教程》以及《现代西班牙语（学生用书）(5)》等教材，共同分享教学案例和实践智慧，促进交流与合作，旨在为西班牙语教育领域带来新的启发和发展动力。

8月2日—3日，全国高等学校"理解当代中国"系列教材任课教师培训成功举办。该培训由教育部高等学校外国语言文学类专业教学指导委员会和北京外国语大学主办，外研社承办。教育部高等教育司相关负责同志、省级教育行政部门相关负责同志、教育部高等学校外国语言文学类专业教学指导委员会委员、"理解当代中国"系列教材编写团队和各语种任课教师共计4万余人线上线下参会。西班牙语分论坛共有354人参与。教学示范发言人分享了课程实践情况，展示了基于"理解当代中国"系列教材内容，结合地方特色、学校特色和学生特点，在课程中灵活应用教材的有益尝试，帮助广大教师更准确地把握"理解当代中国"西班牙语系列教材的重点内容，进一步提升课程教学实效。

9月27日，第四届全国高校西班牙语专业院长/系主任高级论坛于在四川大学成功举办。论坛由教育部高等学校外国语言文学类专业教学指导委员会西班牙语分委员会、上海外国语大学和四川大学联合主办,外教社承办。来自全国 70 多所高校的近百名西班牙语专业院长、系主任、学科负责人参会。论坛以"新时代 新征程 新发展"为主题,围绕西班牙语专业发展、教学改革、人才培养模式创新、一流课程建设、教师素养提升、教材编写、智慧教学等议题展开了深入探讨。

5.7 阿拉伯语教材

5.7.1 阿拉伯语教材出版概况

新时代的中国高等外语教育迎来了创新发展的大好机遇。当代中国外语教育必须大力培养理解当代中国、讲好中国故事的时代新人。在这一背景下,外文出版社、中央编译出版社先后推出了帮助阿拉伯语专业学生掌握中国特色政治话语特点和规律的《汉语—阿拉伯语精进翻译初探》和《汉语阿拉伯语政治文献翻译手册》,为构筑中国话语体系添砖加瓦。

在《教学指南》指导下,各高校及出版机构积极推进阿拉伯语教材体系建设,以更好地服务人才培养需求。世界图书出版公司以"讲好中国故事"为主题,出版了《解读当代中国:高级阿拉伯语》一书。该书适用于阿拉伯语阅读课程,单元主题丰富多元,既包含推介中国特色农产品"潼南柠檬"的话题,也包括"未来城市""新型能源"等与时代和科技发展息息相关的话题,为帮助学生了解中国制造、培养大局意识提供了优秀案例。北京大学出版社则基于 2009 年推出的《阿拉伯语基础听力教程》(第一册)(第 1 版),修订出版了《阿拉伯语基础听力教程》(第一册)(第三版)打造更加年轻化、现代化的听力教材风格,使教材更符合入门学习者的使用偏好。

表5.6 2023年阿拉伯语教材出版一览表

课程类型	教材名称	主编	出版社	出版时间
专业核心课程	解读当代中国：高级阿拉伯语	潘雷、谢博	世界图书出版公司	2023年11月
	阿拉伯语基础听力教程（第一册）（第三版）	付志明、[埃及]高山	北京大学出版社	2023年10月
其他	汉语—阿拉伯语精进翻译初探	关锐	外文出版社	2023年1月
	汉语阿拉伯语政治文献翻译手册	霍娜	中央编译出版社	2023年7月

5.7.2 阿拉伯语教材使用案例

大连外国语大学亚非语言学院副院长张婧姝副教授依托2022年出版的"理解当代中国"阿拉伯语系列教材中的《阿拉伯语读写教程》，在知识教学中贯彻"学习中心、产出导向"的教学理念，采用个性化和具有趣味性、科学性的授课方式，培养学生自主学习、合作探究的学习习惯。以第3单元"美丽中国"为例，张婧姝副教授重构教材内容，开展包含小组间打分、投票、讨论、自评等多种形式的课堂活动。在课堂中，她通过视频作业欣赏引发学生对生态文明建设的思考，并结合教材课文的内容结构，融入说明文结构知识讲解，帮助学生充分理解生态文明建设是什么、为什么、怎么办，让学生掌握加强生态文明建设的原因、重要性和原则。最后，她鼓励小组间就如何实现绿色简约的生活方式以及如何更好地向外国友人介绍中国的生态文明建设与贡献展开讨论。以上举措能够帮助学生完成读知写、言思行的渐进过程，实现知识传授、能力培养、价值塑造三位一体的教学目标，让学生在获取语言知识的同时提升认知水平，培养大局意识和爱国情怀，将个人发展与社会发展、国家发展紧密结合。

5.7.3 阿拉伯语教材教师培训

2023年，外研社针对《阿拉伯语读写教程》《阿拉伯语演讲教程》《汉阿翻译教程》和《高级汉阿翻译教程》4册教材，成功举办了6期虚拟教研室活动。该活动向与会教师分享教材的特色与重难点，实现教学经验与资源的互通有无。8月2日—3日，为进一步帮助教师将"理解当代中国"系列教材融入课堂，由北京外国语大学主办、外研社承办的暑期教师培训活动以线上线下相结合的形式举办。其中，阿拉伯语组邀请了上述4本教材的编者团队进行教学示范，为参会教师深入掌握教材理念与教学方法提供切实帮助。两项活动累计参与者约500人次。

7月18日，为促进阿拉伯语系列教材体系建设，培养适应新时代要求的阿拉伯语专业学生，由教育部高等学校外国语言文学类专业教学指导委员会阿拉伯语专业教学指导分委员会、中国阿拉伯语教学研究会主办，北京第二外国语学院、黑龙江大学承办的"理解当代中国"阿拉伯语系列教材与课程建设高端论坛暨区域国别学视域下阿拉伯语学科建设与发展学术研讨会在哈尔滨召开。论坛邀请了"理解当代中国"系列教材的主编团队就教学设计与研究进行介绍，同时邀请了多位经验丰富的阿拉伯语专业教师进行交流探讨，寻求适应新时代要求的教学方案，帮助与会教师开拓教学思路，共享课程思政教学资源和教学经验。

2023年外研社"教学之星"大赛于12月落幕。大赛以引领教学发展、创新教学理念、交流教学方法为宗旨，探讨数字赋能、提高育人成效的具体举措。其中，阿拉伯语组以《阿拉伯语读写教程》为依托，汇集近20所院校教师的优秀教学案例，为阿拉伯语专业教师交流教学经验、打磨优质课堂、展示优秀教师风采提供了重要平台。

5.8 非通用语种教材

5.8.1 非通用语种教材出版概况

2023年，非通用语种教材出版依旧呈现出繁荣景象。北京外国语大学与外研社共同策划的"北京外国语大学'新经典'高等院校非通用语种专业系列教材"项目，截至2023年12月，共出版16个语种的30本非通用语种教材，其中2023年出版了7本。该系列教材中的《新经典祖鲁语综合教程1》填补了我国祖鲁语教材的空白。外研社的"非通用语口语入门系列教材"在2023年出版了《丹麦语口语入门》《希腊语口语入门》等20个分册。外教社继续完善"外教社非通用语系列教材"，出版了《波兰语听力教程（A1-A2）》；"新世纪高等学校葡萄牙语专业本科生系列教材"也新增了《葡萄牙语综合教程1》（第二版）和《葡萄牙语会话（上）》两个分册。世界图书出版公司在2023年出版了20余册非通用语种教材，涵盖越南语、菲律宾语、印度尼西亚语等语种。

在韩国语/朝鲜语专业教材出版方面，各出版机构更加注重教材体系建设，根据《教学指南》要求，针对韩国语/朝鲜语专业不同学段、不同方向，深挖选题，填补教材空白，完善教材体系。

2023年，外研社基于《国标》和《教学指南》提出的要求，针对本科院校的韩国语/朝鲜语专业学生策划出版的"新经典韩国语系列教材"体系进一步完善，除精读教程之外，陆续推出了听说和读写两个子系列，先后出版了《新经典韩国语读写教程1》《新经典韩国语听说教程1》和《新经典韩国语精读教程3练习册》。该系列教材将思政教育融入语言教育，注重对学生语言交际能力、跨文化交际能力、思辨能力和自主学习能力的培养。除了核心课程教材的建设外，外研社还在专业课程领域发力。3月，外研社出版了《韩中中韩经贸翻译技巧与实践》。该教材广泛选取经贸领域有代表性的文体，内容新颖，注重一般性翻译技巧与经贸翻译技巧相结合。语篇均选自真实语料，辅以相关中韩经贸知识，全面提升韩国语/朝鲜语学习者的经贸翻译能力。10月,外研社推出《新世纪韩国语写作教程:初级》。该教程内容科学、结构合理、练习丰富,讲授不同主题的写作思路与技巧,全方位培养学习者的综合写作能力,帮助学习者养成正确的写作习惯。

外教社出版了《韩国语写作教程》。该书属于"新世纪高等学校韩国语专业本科生系列教材",以记叙文、说明文和议论文三种文体的写作训练为经,以篇章结构、常用句式以及写作修改等各层面训练为纬,经纬交织搭建教材整体框架。

世界图书出版公司先后出版了《韩汉双向翻译教程》第1—2册。该教材以文体翻译为主,融入翻译方法、自学指引和翻译练习等,引导学生接触汉语、韩国语/朝鲜语各种文体,熟悉汉语和韩国语/朝鲜语语言结构的异同,掌握双语转换规律和翻译方法,进而提高翻译能力。

表5.7 2023年非通用语种教材出版一览表

课程类型	教材名称	主编	出版社	出版时间
专业核心课程	新经典韩国语听说教程1	王 丹	外语教学与研究出版社	2023年6月
	新经典韩国语读写教程1	王 丹	外语教学与研究出版社	2023年6月
	新经典韩国语精读教程3练习册	王 丹	外语教学与研究出版社	2023年10月
	韩中中韩经贸翻译技巧与实践	丁 一、[韩]边成妍	外语教学与研究出版社	2023年3月
	新世纪韩国语写作教程:初级	朴银淑	外语教学与研究出版社	2023年10月
	新世纪高等学校韩国语专业本科生系列教材 韩国语写作教程	金 龙、崔顺姬	上海外语教育出版社	2023年8月

(待续)

（续表）

课程类型	教材名称	主编	出版社	出版时间
专业核心课程	韩汉双向翻译教程 1-2	朱 霞等	世界图书出版公司	2023 年 4-6 月
	北京外国语大学"新经典"高等院校非通用语种专业系列教材 新经典塞尔维亚语综合教程 2	姚 杰	外语教学与研究出版社	2023 年 2 月
	北京外国语大学"新经典"高等院校非通用语种专业系列教材 新经典阿姆哈拉语教程 1	[埃塞]辛克耐什·阿塔勒·盖波尔	外语教学与研究出版社	2023 年 3 月
	北京外国语大学"新经典"高等院校非通用语种专业系列教材 新经典汤加语综合教程 1	王文丽、翟 峥	外语教学与研究出版社	2023 年 4 月
	北京外国语大学"新经典"高等院校非通用语种专业系列教材 新经典祖鲁语综合教程 1	马秀杰	外语教学与研究出版社	2023 年 8 月
	北京外国语大学"新经典"高等院校非通用语种专业系列教材 新经典泰语综合教程 2	白 淳	外语教学与研究出版社	2023 年 11 月
	非通用语口语入门系列教材 希腊语口语入门	秦烨臻、[希]尼古拉斯·科尼迪斯	外语教学与研究出版社	2023 年 3 月
	非通用语口语入门系列教材 希伯来语口语入门	范 晓	外语教学与研究出版社	2023 年 3 月
	非通用语口语入门系列教材 爱尔兰语口语入门	张珺涵	外语教学与研究出版社	2023 年 3 月
	非通用语口语入门系列教材 乌克兰语口语入门	劳华夏	外语教学与研究出版社	2023 年 3 月
	非通用语口语入门系列教材 立陶宛语口语入门	王怡然	外语教学与研究出版社	2023 年 3 月

（待续）

（续表）

课程类型	教材名称	主编	出版社	出版时间
专业核心课程	非通用语口语入门系列教材 阿姆哈拉语口语入门	张春改、[埃塞]辛克耐什·阿塔勒·盖波尔	外语教学与研究出版社	2023年3月
	非通用语口语入门系列教材 孟加拉语口语入门	曾琼	外语教学与研究出版社	2023年3月
	非通用语口语入门系列教材 汤加语口语入门	王文丽、翟峥、[汤加]塞西莉亚	外语教学与研究出版社	2023年3月
	非通用语口语入门系列教材 乌尔都语口语入门	袁雨航、[巴基]阿姆娜·穆纳瓦尔	外语教学与研究出版社	2023年3月
	非通用语口语入门系列教材 库尔德语口语入门	张雪晴、邱天、[法]侯赛因·塔尔	外语教学与研究出版社	2023年3月
	非通用语口语入门系列教材 索马里语口语入门	[索马里]伊斯曼、杨华	外语教学与研究出版社	2023年3月
	非通用语口语入门系列教材 拉脱维亚语口语入门	吕妍	外语教学与研究出版社	2023年3月
	非通用语口语入门系列教材 卢旺达语口语入门	杨若曦、[卢旺达]帕特里斯·恩塔威吉拉	外语教学与研究出版社	2023年3月
	非通用语口语入门系列教材 泰米尔语口语入门	周欣	外语教学与研究出版社	2023年3月
	非通用语口语入门系列教材 丹麦语口语入门	王宇辰	外语教学与研究出版社	2023年4月
	非通用语口语入门系列教材 爪哇语口语入门	[印尼]汉迪·尤尼亚多、高诗源	外语教学与研究出版社	2023年5月
	非通用语口语入门系列教材 绍纳语口语入门	[津巴布韦]李开明、林梦圆、刘采薇	外语教学与研究出版社	2023年7月
	非通用语口语入门系列教材 芬兰语口语入门	李颖、任静	外语教学与研究出版社	2023年8月

（待续）

（续表）

课程类型	教材名称	主编	出版社	出版时间
专业核心课程	非通用语口语入门系列教材 迪维希语口语入门	朱方方	外语教学与研究出版社	2023年10月
	非通用语口语入门系列教材 白俄罗斯语口语入门	赵 鑫	外语教学与研究出版社	2023年10月
	新世纪高等学校葡萄牙语专业本科生系列教材 葡萄牙语会话（上）	徐亦行、麦 然	上海外语教育出版社	2023年6月
	新世纪高等学校葡萄牙语专业本科生系列教材 葡萄牙语综合教程1（第二版）	徐亦行、张维琪	上海外语教育出版社	2023年9月
	外教社非通用语系列教材 波兰语听力教程A1-A2	[波]玛塔·乌娃妮斯卡、[波]亚历山德拉·巴耶斯卡	上海外语教育出版社	2023年10月
	新编基础印度尼西亚语3	朱刚琴、张 蔚	世界图书出版公司	2023年2月
	越南语基础教程2	黄以亭、林明华	世界图书出版公司	2023年5月
	综合越南语视听说	韦凡州、[越]郑月兰	世界图书出版公司	2023年7月
	印度尼西亚语阅读教程1-2	陈 扬、林楚含	世界图书出版公司	2023年2-6月
	基础乌兹别克语2-3	原 伟、王小明	世界图书出版公司	2023年2月
	老挝语视听说教程1（学生用书）	黄 勇	世界图书出版公司	2023年8月
	波斯语写作教程	张立明、李治鹏	世界图书出版公司	2023年8月
	高级哈萨克语1	张 辉	世界图书出版公司	2023年10月
	哈萨克语高级阅读1	张 辉	世界图书出版公司	2023年10月
	孟加拉语口语教程	叶倩源等	世界图书出版公司	2023年2月

（待续）

（续表）

课程类型	教材名称	主编	出版社	出版时间
专业核心课程	实用现代菲律宾语教程	王彧、[菲]罗奈尔·拉兰霍	世界图书出版公司	2023年3月
	高级普什图语	杨朝晖、罗序洋	世界图书出版公司	2023年4月
	综合越南语1	李娜、林莉	世界图书出版公司	2023年4月
	越南语基础教程1	黄以亭、林明华	世界图书出版公司	2023年5月
	初级乌尔都语阅读教程	袁曦冉	世界图书出版公司	2023年5月
	基础泰米尔语1	张琪	世界图书出版公司	2023年6月
	越南语基础教程3	黄以亭、林明华	世界图书出版公司	2023年6月
	初级尼泊尔语口语教程	李菲然、[尼泊尔]普拉书拉姆·鲍德尔、翁灵佳	世界图书出版公司	2023年8月
	综合老挝语（初级篇）	黎莉	世界图书出版公司	2023年9月
	实用马来语写作教程	谈笑	世界图书出版公司	2023年10月
	实用泰语听力教程	秦璞、李兴红	世界图书出版公司	2023年10月
	柬埔寨语初级教程	郑军军	世界图书出版公司	2023年11月
专业方向课程	北京外国语大学"新经典"高等院校非通用语种专业系列教材 新经典马来文学史教程	苏莹莹、张静灵	外语教学与研究出版社	2023年5月
	北京外国语大学"新经典"高等院校非通用语种专业系列教材 新经典柬埔寨谚语选编（柬汉对照）	彭晖、邓淑碧	外语教学与研究出版社	2023年9月
	警务越南语教程	陈继华、蒙霖	世界图书出版公司	2023年3月
	老挝民间文学作品选编	海贤等	世界图书出版公司	2023年3月

（待续）

（续表）

课程类型	教材名称	主编	出版社	出版时间
专业方向课程	实用泰汉翻译教程（修订版）	潘远洋	世界图书出版公司	2023年4月
	汉越口译实践教程	苏柳杨	世界图书出版公司	2023年5月
	泰国报刊选读（修订版）	潘远洋	世界图书出版公司	2023年6月
	商务越南语教程	张　炫、李太生、李翠霞	对外经济贸易大学出版社	2023年11月

5.8.2　非通用语种教材使用案例

吉林外国语大学："学习中心，产出导向"，讲好中国故事

吉林外国语大学汪诗雄老师以"理解当代中国"意大利语系列教材中的《意大利语读写教程》为蓝本，以"学习中心，产出导向"为指导理念，引导学生独立思考，提高思辨能力，讲好中国故事。教师采用线上与线下相结合的教学方式，通过增加拓展听力材料和阅读材料来培养学生的跨文化意识，扩大学生的知识面，帮助学生树立正确的价值观。

授课前教师认真分析学生的具体情况，通过调查问卷和语言测试了解学生的词汇量、阅读水平、写作水平和认知特点。备课时教师明确每节课的教学目标，从素质目标、知识目标与能力目标三个角度分析每节课的重点和难点，针对不同的重点使用不同的教学方法，针对不同的难点采取不同的解决方法。

每节课的教学分为课前、课中与课后三个阶段。教师在课前发布学习任务单，指导学生对课程内容进行预习。通过完成部分书后习题，学生可以提前理解课文的整体结构，学会分析段落之间的逻辑关系，初步思考课文的核心思想。学生需要提前完成部分课后习题并自主学习课文中的生词。这些任务可以帮助学生积累与中国故事相关的词汇，学习阅读中国故事的方法，锻炼讲好中国故事的能力。

导入新课时，教师引导学生对课文中的话题进行讨论，然后结合课前布置的内容讲解课文。教师结合学生课后作业的完成情况在课上有针对性地讲解课文。除了使用《意大利语读写教程》教材，教师还为学生补充与主题相关的拓展学习材料。这些材料有助于激发学生的学习兴趣，增强学生的文化自信，培养学生的全球视野。

教学评价由过程性评价和期末考试两部分构成。过程性评价包括词汇、阅读、写作和课堂表现四个部分，每部分占平时成绩的25%。学生需要及时积累词汇，完成课后阅读习题并提交。教师批改测试和作业后，总结常见问题并在课上讲解。此外，教师为学生设计主题作文的应用场景并批改作文内容。教师对写作中出现的问题进行分类归纳，然后以课件形式在课上讲解。期末考试由六个部分组成，每部分均参考了课程的教学目标和教材习题。期末考试既可以考查学生在每个单元中学到的知识，也可以检验学生的能力是否达到要求。课程结束后，教师通过调查问卷的方式了解学生的反馈。

通过该课程的教学，教师实现了教学大纲中的教学目标。在素质层面，课程可以增强学生对"人类命运共同体"的认同感，培养学生成为有家国情怀与全球视野的高素质人才。在知识层面，学生积累了关键词汇与表达，理解了课文中的核心概念与深刻内涵。在能力层面，课程能够提高学生的思辨能力，夯实学生的外语基本功，帮助学生学会用意大利语讲好中国故事。

珠海科技学院："如盐入水，润物无声"，实现隐性价值引领

珠海科技学院朴花艳老师以《新经典韩国语精读教程》为蓝本，坚持"学生中心、成果导向"，采用融合成果导向教育理念和翻转课堂的线上线下混合式教学模式，有效推动课前、课中、课后三个环节的教学，形成有效的教学闭环模式。教师采用任务驱动式、探究式教学方法，于课前、课后布置学习任务。课前将任务驱动和促成安排在线上完成，课中主要对产出成果进行展示和评价，课后进一步延伸课中知识点，做到理论与实践相结合。课前，设计并布置与课文主题相关的驱动任务，明确任务目标。教师说明任务要求、目标和完成方式；学生明确目标，并制定学习策略和计划。学生自主完成搜集信息、整理资料、准备文稿等活动，促成组员分工合作、组间相互竞争；教师提供线上资源给予支持，并全程监督，答疑解惑。

　　课中，采用线上与线下相结合的教学模式。学生分组、分角色呈现任务，通过交流讨论来培养表达能力；教师及时进行指导和评价，通过师生合作探究来共同完成任务。同时，教师引导生生互评，并对学生完成的任务结果进行评价和反馈。学生通过教师点评，认识自己的优势和不足，并针对不足之处加以改进和提升。

　　课后，再次转回线上学习。学生结合课中师生评价，对任务结果进行补充完善，最终在线上提交。学生对产出任务进行自我评价，教师对学生任务完成的过程和结果进行总评。教师根据多方面的反馈，以及个人的认真反思，进一步完善和提升下一步教学。

　　在整个课程设计中，思政元素贯穿各个教学环节，并且思政内容与元素实时更新。教师根据教材主题将杭州亚运会、"一带一路"峰会、神舟十六号等国内新闻时事融入例句，使学生切实感受中国之崛起、国家之壮大，坚定"四个自信"。多样化的活动，如问卷调查、话题讨论、词汇拓展、凝练主题、组别PK、完成句子、语段翻译、视频制作、主题发表、短篇写作等，能够激发学生的热情，使学生积极有效地参与教学活动，从而达成预期的教学效果。在学习过程中，教师通过结合教材主题增加"每日金句"翻译环节，不仅提升了学生的信息搜索能力和自主学习能力，还加深了学生对相应论断的深入理解。课程培养了学生"用韩语讲好中国故事"的意识与能力，增强了学生作为"韩语人"的使命与担当。

5.8.3　非通用语种教材教师培训

　　2023年7月1日—2日，由教育部高等学校外国语言文学类专业教学指导委员会非通用语种类专业教学指导分委员会与中国韩国（朝鲜）语教育研究学会主办，外研社与北京外国语大学亚洲学院联合承办的"2023新时代朝鲜（韩国）语教学改革与发展论坛"在北京外国语大学召开。来自国内60余所高校的近百名韩国语/朝鲜语教育专家、学者与一线教师将目光聚焦韩国语/

朝鲜语专业课程思政建设。论坛立足新时代外语教育服务国家发展战略,关注韩国语/朝鲜语专业课程思政育人成效,探讨专业发展与创新、教师育人能力及科研能力提升的新路径。论坛通过主旨报告、专题分享、教学观摩等方式,为全国韩国语/朝鲜语教育工作者搭建交流的平台,共启智慧,共谋发展。

为全面贯彻落实党的教育方针,探讨中国高校外语教育改革与发展,切实提升高校韩国语/朝鲜语教师的专业水平和教学能力,2023 年,外研社在中国高等教育学会外语教学研究分会的指导下,在线举办 4 期"新经典韩国语"虚拟教研室,吸引众多高校教师参与。活动邀请"新经典韩国语系列教材"的编者和使用院校的教师对精读课、听说课、读写课的课堂设计与教学实践进行分享,帮助专业教师解决教学困惑,提升教学理论素养,增强教学设计和教学实践能力。

9 月,外研社举办了"2023'外研社杯'全国高校朝鲜语专业课程思政教学设计大赛",来自全国各地的 48 位教师参加比赛。大赛于 12 月 12 日完成评审,评选出三等奖 3 名、二等奖 2 名、一等奖 1 名。大赛助力韩国语/朝鲜语教师切实提高政治站位,积极探索教育教学创新路径,提升课程思政教学能力,真正实现了课程思政的深入性、创新性和有效性。

为全面贯彻落实党的二十大精神,深入推进"三进"工作,助力高校切实用好"理解当代中国"系列教材,建设好"理解当代中国"系列课程,通过教材创新促进外国语言文学知识体系、课程体系和教师发展体系创新,教育部高等学校外国语言文学类专业教学指导委员会、北京外国语大学和外研社于 2023 年 8 月 2 日—3 日在西安举办"全国高等学校'理解当代中国'系列教材任课教师培训"。培训分为主旨报告、专题讲解和教学示范三个模块,阐释"三进"工作的内涵及意义,讲解习近平新时代中国特色社会主义思想相关专题内容,展示针对不同语种、不同课型、不同学情的"理解当代中国"系列教材教学方案,帮助教师进一步提升理论素养、更新教育理念、优化知识结构,将习近平新时代中国特色社会主义思想有机融入外语教育研究和人才培养全过程。

第六章 国际中文教材建设

　　2023年年底，中外语言交流中心梳理了2023年国际中文教育领域的重要事件，具体包括：习近平主席复信海外中文师生；推动中文进入国民教育体系；创新举办世界中文大会；打造中海语言文化合作新亮点——举办第二届中海语言文化论坛和中海文明文化对话高端论坛；推进国际中文教育标准建设——研制发布《国际中文教材评价标准》《职业中文能力等级标准》《国际中文教学通用课程大纲》；强化国际中文教育支撑能力，加强国际中文师资培养；深化国际中文教育数字化发展；打造"中文+"特色发展模式；举办"汉语桥""国际中文日""新汉学计划"等品牌交流活动；积极拓展"中外中小学语言伙伴学校""'中文+'项目"等新型伙伴关系。

　　2023年12月7日—9日，世界中文大会在北京召开，会议以"中文服务世界，开放引领未来"为主题。有关专家、政府官员、国际组织代表和国际语言文化机构负责人等约2,000人参加了会议。根据中外语言交流中心的数据，截至2023年12月，全球已有160个国家和地区设立了499所孔子学院和793个孔子课堂，190多个国家和地区开展了中文教育项目，85个国家通过颁布法令、政令等方式将中文教育纳入国民教育体系。160多个国家设立中文水平考试考点1,300多个，累计考试人数达5,800多万人次。据不完全统计，目前海外正在学习中文的人数已超过3,000万。

《中国教育报》刊载的《中文服务世界 开放引领未来——二〇二三世界中文大会观察》一文谈到全球"中文热"的持续升温。在柬埔寨，中文学习者呈现低龄化趋势，中文教师成为最"吃香"的职业之一；在越南，中文系学生招收数量呈十倍增长，而目前适合学习中文的场所只能满足当地需求的三成；在非洲，中文教学发展势头正盛，以喀麦隆为例，目前该国各教育阶段累计约有两万名中文学习者，这使其成为整个非洲地区中文学习人数最多的国家之一；在沙特阿拉伯，政府将中文作为第二官方外语纳入教学课程体系，在全国公立和私立中学开展中文教学，每周开设两节中文课。

为顺应国际中文教育发展大势，满足全球范围内的国际中文教材及教学资源需求，各政府机构、非政府组织、出版机构、教育企业等多元主体持续加强支持、加大投入，共同推动国际中文教材及教学资源的规范化、体系化、规模化建设，为全球中文教育发展夯实基础、搭建桥梁。

6.1 国际中文教育相关政策

党的二十大报告中指出，要"增强中华文明传播力影响力。坚守中华文化立场，提炼展示中华文明的精神标识和文化精髓，加快构建中国话语和中国叙事体系，讲好中国故事、传播好中国声音，展现可信、可爱、可敬的中国形象。加强国际传播能力建设，全面提升国际传播效能，形成同我国综合国力和国际地位相匹配的国际话语权。深化文明交流互鉴，推动中华文化更好走向世界"。向世界讲好中国故事、传播好中国声音，是国际中文教育的重要任务。

2023年，在共建"一带一路"倡议提出十周年之际，习近平总书记提出全球文明倡议，主要内容包括"四个共同倡导"：共同倡导尊重世界文明多样性；共同倡导弘扬全人类共同价值；共同倡导重视文明传承和创新；

共同倡导加强国际人文交流合作。国际中文教育事业是"四个共同倡导"的国际实践，推进语言教育为人类文明对话架设桥梁，促进相互了解，推动文明互鉴。随着"一带一路"建设的持续发展，伴随文化交流的各类项目将得到更广泛的推动，国际中文教育的实用价值将进一步凸显。

当地时间 2023 年 11 月 15 日，中国国家主席习近平在美国旧金山同美国总统拜登举行中美元首会晤。两国元首同意推动和加强中美各领域对话合作，其中包括扩大教育、留学生、青年、文化、体育和工商界交流等。11 月 15 日晚，习近平主席出席美国友好团体联合举办的欢迎宴会并在发表演讲时宣布，为扩大中美两国人民特别是青少年一代交流，中方未来 5 年愿邀请 5 万名美国青少年来华交流学习。当地时间 2023 年 12 月 12 日中午，中共中央总书记、国家主席习近平抵达河内，对越南进行国事访问。就在当月，越南教育部正式批准，2024 年起将中文纳入小学三、四年级必修课。

随着国际交往交流的发展，不少国家和地区有望相继出台新的政策来支持中文学习和教学，推动与中国在教育、科技、文化等各领域合作的加深加强。

12 月 8 日下午，在世界中文大会主论坛上，中外语言交流中心正式发布了《国际中文教师专业能力标准》多语种版本，包括英文、法文、俄文、阿拉伯文、西班牙文、葡萄牙文、德文、意大利文、日文、韩文、泰文 11 个语种的版本，力求为各国中文教师提供明确的职业培养方向和目标，适应各国中文教育发展的新趋势、新要求。

12 月 9 日，丁薛祥副总理出席世界中文大会并发表讲话。他表示，中国将继续推进高水平教育对外开放，支持民众特别是青少年加强外语学习和开展国际交流，一如既往大力支持国际中文教育，为加快中文走向全球、服务世界提供有力的支撑和保障。丁薛祥指出，中文是中国的语言，也是世界的语言。推进新形势下的国际中文教育和世界语言交流合作，需要中国和世界各国人民共同努力。要构建开放包容的国际中文教育格局，与各方一道办好孔子学院等中文项目，大力发展信息化、数字化、智能化中文教育，支持各国培养本土师资、研发本土教材、开展本土化中文教学。更好发挥中文社会服务功能，不断提升中文的社会应用价值，支持和鼓励更多国际组织将中文列为官方语言，欢迎更多国际场合使用中文，积极服务各国经济社会发展。出席2023世界中文大会的各国政要在会谈中从文明交流、国际经贸往来、人才职业发展等不同层次和角度谈到了中文教育的意义和中国语言的价值，全球中文学习需求向纵深化、多元化方向发展。

12月22日，为期两天的"汉教英雄会"国际中文教学技能总交流活动在北京圆满落幕。来自国内30所院校的36支师生团队，以及来自阿联酋、泰国的教师团队进行了课堂教学设计展示，来自约50个国家和地区的100多名本土中文教师到场观摩了活动。该活动作为国际中文教育领域最具影响力的教学技能交流活动，是国际中文教育前沿理念、实用经验、创新资源、发展形势的缩影。该届活动的最大亮点是国别丰富、教学层次多元的本土中文教师参与交流和观摩，这在一定程度上反映了国际中文教育正朝着本土化内生方向发展。海外国际中文教育在国际中文教育整体发展中占据越来越重要的地位。

12月，新版"中文考试服务网"正式对外发布。新版网站秉持"以用户为中心、着重提升用户体验感"的理念，打造简洁易用的用户使用界面，并推出了全新的栏目板块。该网站的升级发布旨在为全球中文学习者提供更优质的考试服务。随着全球中文教育的不断发展，政府部门、高校、相关企事业单位等将在国际中文教育教学标准制定、质量保障体系建设和中文考试服务等方面投入更多努力，构建从标准到教学、从教学到评估的完整闭环，促进学科建设，规范行业发展。

6.2　国际中文纸质教材出版概况

2023世界中文大会期间，世界中文大会语言展同步举办。作为大会的重要组成部分，该次语言展邀请世界汉语教学学会、中文联盟、腾讯云、LingoAce、成都广播电台、外研社、高教社、人教社、北京大学、清华大学、沈阳职业技术学院等107家机构参展。展览特设的资源与数字化等展区集中展示了国际中文教育领域图书出版、教学资源建设、新技术应用等最新成果。以外研社、北京语言大学出版社、高教社、中文联盟等为代表的主要出版机构及资源平台展出的国际中文教材及教学资源品种丰富、形态多元，呈现出"新技术应用形式多样""纸数融合程度继续加深""中小学教材本土化程度更高""中文+职业/专业教材多线条发展"等特点，国际中文教育出版向数字化、智能化方向持续深入发展。

在国际中文教育出版领域，北京语言大学出版社、外研社、北京大学出版社、人教社、高教社、华语教学出版社等作为主要出版机构，占据了90%以上的市场份额。根据对这几家出版机构2023年纸质教材出版情况的统计和分析，其全年共出版国际中文教材100余种，新书数量与上一年度相当。其中，成人中文教材17种，儿童及青少年中文教材52种，中国文化与当代国情教材4种，专门用途中文教材27种。相比2022年，成人中文教材新书品种明显减少，儿童及青少年中文教材、专门用途中文教材新书品种大幅增加。

6.2.1 低年龄段教材品种大幅增加，满足国民教育体系需求

截至2023年年底，全球有190多个国家和地区开展中文教学，85个国家将中文教育纳入国民教育体系，而中文教育进入对象国民教育体系的一个主要标志就是进入其基础教育阶段。儿童及青少年中文学习者总量持续增加，成为近几年最受关注的学习者群体。为更好地服务海外中小学段国际中文教育的国别化、区域化及个性化、精细化需求，各研发主体及出版机构加大投入、积极策划，推出了一系列面向中小学生的国际中文教

材。根据 2023 年度统计数据，儿童及青少年方向国际中文教材的新书品种占比超过 50%。各出版机构各有侧重，外研社聚焦阿拉伯语国家和地区，大力投入，开发覆盖从幼儿园到中学全学段的国际中文教材体系，2023 年度出版新书 10 余种，并积极推进配套数字资源的研发，形成规模化教学资源；北京语言大学出版社、人教社升级修订"汉语乐园"（现更名为"中文乐园"）、"轻松学中文"、"快乐汉语"等经典品牌教材，出版多语种版本，更好地服务多元教学需求；高教社在经典 IP "体验汉语"系列之下推出"小学教程"；华语教学出版社在 K12 学段持续深耕，对照 IB、IGCSE 等体系的中文教学体系和大纲，推出针对性较强的中小学中文教材。

6.2.2 "中文+"教材建设突飞猛进，推动专业中文人才培养

近年来，我国坚持以语言教学服务职业发展、促进个人发展为导向，以培养既懂中文又掌握职业技能的新型本土中文人才为目标，主动对接国际产能合作，组织实施"中文+职业教育"，在海外 19 国设立 26 家中文工坊，开设经贸、旅游、高铁、电子商务、物流等职业领域特色课程。以实际需求为导向，"中文+职业教育"融合发展进入快车道。中文的实用价值不断凸显，更多学生将中文作为自己未来职业发展的一项重要技能进行培养。随着共建"一带一路"合作持续推进，共建国家民众的中文学习需求随之激增，国际中文教育需求呈现爆发式增长。这背后是海外国际中文学习的"驱动力之变"。在实际需求的驱动下，各出版机构加大对"中文+职业"专门用途方向教材及教学资源的研发投入，在 2023 年集中出版了一批教材。国家开放大学出版社的"工业汉语"系列继续推出新品种，覆盖更多工业行业；北京语言大学出版社推出"新丝路'中文+职业技能'系列教材"并配套丰富的数字课程资源。此外，经贸、商务、医学等起步早、需求大的专业中文教学方向持续推出新教材，如外研社的"新时代经贸汉

语系列"，北京语言大学出版社的"知行·经济汉语系列""我是医学生系列"等。

6.2.3 数智化资源多元发展，促进教材形态不断升级

2022年12月，世界汉语教学学会智慧教育分会在北京成立。随着全球中文教育场景和需求的多元化发展及人工智能技术的深入应用，国际中文教材研发也更加注重利用数字化和智能化技术来提升中文教学材料的教学效果和用户体验，向数智化方向发展。一方面，音视频资源、教学课件、教学示范等逐渐成为教材不可或缺的标准化配套资源；另一方面，注重互动性的学习平台、满足个体差异化需求的移动端学习产品等更高级别的智能化配套资源需求愈加凸显，AR、VR等智能技术在新形态教材开发领域受到更多关注。外研社启动"基于《国际中文教育中文水平等级标准》的汉语视听说系列课程"项目。课程提供音频、学习手册、以主课文及语言知识为内容的短视频等多种类型的资源，封装形式灵活，既支持以多媒体教材的形式封装为正式出版物，又能够以在线课程的形式搭载至海内外各大课程教学平台，在一定程度上突破纸质教材在发行、购买、使用、传播等方面的局限性，利用海内外各大课程教学平台的优势，以在线课程的方式帮助各个年龄段的学习者随时随地学习中文。2023年2月，北京语言大学发布"国际中文智慧教育平台2.0版"。该平台以"融课件"为核心，将智慧教育深度应用于国际中文教学过程各环节，促进教育教学加速向智慧教育样态转型。作为融合了传统纸质教材、多媒体课件和学习软件的核心资源，"融课件"为国际中文教材的新样态提供了有益参考。高教社的《体验汉语VR视听说教程》首次将虚拟现实技术应用于中文教学和教材编写，为学习者提供沉浸式的语言学习体验。腾讯云、LingoAce、新东方等技术公司和教育机构对国际中文教育方向产品的探索更加深入。技术公司与出版机构深入合作，推出智能化程度更高的新形

态国际中文教材,这成为未来发展的可能趋势。教材是国际中文智能平台、智慧教学工具的资源内核,教材策划阶段的数字化、智能化设计是实现多元产品形态开发的前提,也是满足当前多元智慧场景下国际中文教学需求的基础性工作,数字化、智能化已经成为未来国际中文教材研发的确定态势。

6.2.4 语言文化融合加深,教材内容全面立体

语言是文化的载体,国际中文教育在增强中华文明传播力、影响力方面发挥着关键作用。国际中文教材在侧重语言教学的同时,也越来越重视中国形象的塑造以及中国文化的浸润作用,近两年尤其重视当代中国元素的融入,注重将语言学习置于新的时代背景之下,全面呈现当代中国风貌。教材编写通过在综合性语言教材中有机融入国情文化内容或编创专门的国际中文文化教材的方式,生动讲述"中国故事"。外研社出版的"新时代汉语口语"系列教材,其话题涵盖从人文古迹(长城)、传统建筑(四合院)、中国节日到网红经济、共享生活、人工智能,选用既富有文化韵味又极具时代性、话题性的内容为素材,助力教师更好地开展中文教学,将语言学习与文化呈现有机融合,受到广泛欢迎。北京大学出版社出版的《别见外——中高级汉语视听说教程(Ⅰ、Ⅱ)》以微博自媒体博主"歪果仁研究协会"拍摄的一系列中国职业体验日记视频为主要素材,紧扣"数字化时代的当代中国社会与中国人"这一主题,呈现快速变化发展的中国社会生活百态,从外国人的角度介绍和展现当代中国社会生活和中国人形象。该教材是一套从立意、选材、形态多维度创新的语言与文化相结合的综合视听说教材。北京语言大学出版社出版的《中华文化教学手册》参照《国际中文教育用中国文化和国情教学参考框架》,以条目化的方式列举出 600 多个文化词条,深入浅出地提供科学、规范的文化点释义,促进国际中文教学中的文化融入。

表6.1 2023 年国际中文教材出版一览表

课程类型	教材名称	主编	出版社	出版时间
儿童及青少年中文教学	手拉手 1C	中外语言交流合作中心	外语教学与研究出版社	2023 年 4 月
	手拉手 2C	中外语言交流合作中心	外语教学与研究出版社	2023 年 4 月
	手拉手 1A	中外语言交流合作中心	外语教学与研究出版社	2023 年 5 月
	手拉手 2A	中外语言交流合作中心	外语教学与研究出版社	2023 年 9 月
	你真棒 2A	中外语言交流合作中心	外语教学与研究出版社	2023 年 8 月
	你真棒 2C	中外语言交流合作中心	外语教学与研究出版社	2023 年 8 月
	你真棒 1C	中外语言交流合作中心	外语教学与研究出版社	2023 年 9 月
	你真棒 4A	中外语言交流合作中心	外语教学与研究出版社	2023 年 10 月
	你真棒 1A	中外语言交流合作中心	外语教学与研究出版社	2023 年 11 月
	你真棒 4B	中外语言交流合作中心	外语教学与研究出版社	2023 年 11 月
	你真棒 4C	中外语言交流合作中心	外语教学与研究出版社	2023 年 11 月
	你真棒 3B	中外语言交流合作中心	外语教学与研究出版社	2023 年 12 月
	跨越丝路 3A	阿联酋教育部、中外语言交流合作中心	外语教学与研究出版社	2023 年 8 月

（待续）

（续表）

课程类型	教材名称	主编	出版社	出版时间
儿童及青少年中文教学	跨越丝路 3C	阿联酋教育部、中外语言交流合作中心	外语教学与研究出版社	2023年9月
	跨越丝路 3B	阿联酋教育部、中外语言交流合作中心	外语教学与研究出版社	2023年11月
	跨越丝路 4B	阿联酋教育部、中外语言交流合作中心	外语教学与研究出版社	2023年11月
	加油！小学中文课本 2	王　巍	外语教学与研究出版社	2023年8月
	七色龙汉语分级阅读第三级：时间	戴凯棋等	外语教学与研究出版社	2023年2月
	七色龙汉语分级阅读第三级：工作	戴凯棋等	外语教学与研究出版社	2023年5月
	七色龙汉语分级阅读第三级：自然	戴凯棋等	外语教学与研究出版社	2023年7月
	七色龙汉语分级阅读第三级：运动	戴凯棋等	外语教学与研究出版社	2023年8月
	七色龙汉语分级阅读第三级：社区	戴凯棋等	外语教学与研究出版社	2023年8月
	七色龙汉语分级阅读第三级：服饰	戴凯棋等	外语教学与研究出版社	2023年8月
	七色龙汉语分级阅读第三级：家具和文具	戴凯棋等	外语教学与研究出版社	2023年9月
	七色龙汉语分级阅读第三级：中国文化	戴凯棋等	外语教学与研究出版社	2023年10月

（待续）

（续表）

课程类型	教材名称	主编	出版社	出版时间
儿童及青少年中文教学	快乐汉语（亚美尼亚语版）	李晓琪等	人民教育出版社、亚美尼亚玛丽出版社	2023年11月
	体验汉语小学教程 学生用书6	丁安琪、[美]Lisa Huang Healy	高等教育出版社	2023年9月
	体验汉语小学教程·练习册6	丁安琪、[美]Lisa Huang Healy	高等教育出版社	2023年10月
	体验汉语小学教程·词汇卡6	丁安琪、[美]Lisa Huang Healy	高等教育出版社	2023年11月
	我的美好中文之旅（13册）	魏鹏程、李卉	华语教学出版社	2023年10月
	腾飞：IB中文 Ab Initio 初级课程听力和阅读理解训练	冯薇薇、凌媛	华语教学出版社	2023年9月
	腾飞：IB中文 Ab Initio 初级课程口语和写作训练	冯薇薇、凌媛	华语教学出版社	2023年11月
	真实中文 第1级 任务活动本	曾妙芬	北京语言大学出版社	2023年6月
	真实中文 第1级 练习本	曾妙芬	北京语言大学出版社	2023年6月
	真实中文 第1级 课本	曾妙芬	北京语言大学出版社	2023年6月
	真实中文 第1级 汉字本	曾妙芬	北京语言大学出版社	2023年6月
	轻松学中文（第二版）汉字、作文书写本4	马亚敏	北京语言大学出版社	2023年6月
	轻松学中文（第二版）（阿拉伯文版）练习册3	马亚敏	北京语言大学出版社	2023年8月

（待续）

（续表）

课程类型	教材名称	主编	出版社	出版时间
儿童及青少年中文教学	轻松学中文（第二版）（阿拉伯文版）课本 3	马亚敏	北京语言大学出版社	2023 年 8 月
	轻松学中文（少儿版）（第二版）课本 1-4	马亚敏	北京语言大学出版社	2023 年 9-12 月
	轻松学中文（少儿版）（第二版）练习册 1-3	马亚敏	北京语言大学出版社	2023 年 9-12 月
	中文乐园 练习册 1	崔永华、张健	北京语言大学出版社	2023 年 12 月
	中文乐园 课本 1	崔永华、张健	北京语言大学出版社	2023 年 12 月
成人中文教学	新时代汉语口语：初级·下	朱勇	外语教学与研究出版社	2023 年 10 月
	新时代汉语口语：初级·上	朱勇	外语教学与研究出版社	2023 年 12 月
	新时代经贸汉语口语 用汉语来工作	朱勇	外语教学与研究出版社	2023 年 6 月
	走遍中国 学生用书 3	齐少艳	外语教学与研究出版社	2023 年 12 月
	走遍中国 学生用书 4	齐少艳、谭秋瑜	外语教学与研究出版社	2023 年 12 月
	汉语会话 301 句（英文注释本）（第五版）下册	康玉华、来思平	北京大学出版社	2023 年 3 月
	汉语初级强化教程·听说课本 II（第二版）	肖奚强、朱敏	北京大学出版社	2023 年 9 月
	汉语会话 301 句（西班牙文注释本）（第四版）下册	康玉华、来思平	北京大学出版社	2023 年 11 月
	新实用汉语课本（第三版 俄文注释）练习册 2	刘珣	北京语言大学出版社	2023 年 3 月

（待续）

（续表）

课程类型	教材名称	主编	出版社	出版时间
成人中文教学	新实用汉语课本（第三版俄文注释）课本2	刘珣	北京语言大学出版社	2023年3月
	实用交际汉语1	王功平、李贤卓	北京语言大学出版社	2023年8月
	实用交际汉语2-4	王功平	北京语言大学出版社	2023年9-12月
中国文化及当代国情教学	中国文化概况（英文版）	毛海莹、刘恒武	高等教育出版社	2023年1月
	文化密码—中国文化教程3	于小植	高等教育出版社	2023年2月
	国际中文教师中华文化通识	杜道明	北京语言大学出版社	2023年8月
	中华文化教学手册	刘谦功	北京语言大学出版社	2023年11月
专门用途中文教学	工业汉语——光伏发电系统电力维护（基础篇）	许可、宫玉娟、闫树兵	国家开放大学出版社	2023年1月
	工业汉语——采矿工程（启航篇）	王硕、李炜	国家开放大学出版社	2023年3月
	工业汉语——焊接技术（启航篇）	王硕、李炜	国家开放大学出版社	2023年3月
	工业汉语——机电一体化技术（启航篇）	王硕、李炜	国家开放大学出版社	2023年6月
	工业汉语——宝石鉴定与加工工艺（启航篇）	孟晴、占文锋	国家开放大学出版社	2023年9月
	导游汉语（基础篇）	刘贻新、罗春科	国家开放大学出版社	2023年7月
	新丝路"中文+职业技能"系列教材：中文+物流管理（初级）	新丝路"中文+职业技能"系列教材编写委员会	北京语言大学出版社	2023年9月

（待续）

（续表）

课程类型	教材名称	主编	出版社	出版时间
专门用途中文教学	新丝路"中文+职业技能"系列教材：中文+汽车服务工程技术（初级）	新丝路"中文+职业技能"系列教材编写委员会	北京语言大学出版社	2023年9月
	新丝路"中文+职业技能"系列教材：中文+酒店管理（初级）	新丝路"中文+职业技能"系列教材编写委员会	北京语言大学出版社	2023年9月
	新丝路"中文+职业技能"系列教材：中文+计算机网络技术（初级）	新丝路"中文+职业技能"系列教材编写委员会	北京语言大学出版社	2023年9月
	新丝路"中文+职业技能"系列教材：中文+机电一体化（初级）	新丝路"中文+职业技能"系列教材编写委员会	北京语言大学出版社	2023年11月
	新丝路"中文+职业技能"系列教材：中文+电子商务（初级）	新丝路"中文+职业技能"系列教材编写委员会	北京语言大学出版社	2023年9月
	新丝路"中文+职业技能"系列教材：中文+电子商务（中级）	新丝路"中文+职业技能"系列教材编写委员会	北京语言大学出版社	2023年12月
	新丝路"中文+职业技能"系列教材：中文+物流管理（中级）	新丝路"中文+职业技能"系列教材编写委员会	北京语言大学出版社	2023年12月
	新丝路"中文+职业技能"系列教材：中文+酒店管理（中级）	新丝路"中文+职业技能"系列教材编写委员会	北京语言大学出版社	2023年12月
	新起点"中文+"系列教材：工程中文	李铭起、刘文平	北京语言大学出版社	2023年5月
	新起点"中文+"系列教材：商务中文	刘　颖、崔一方	北京语言大学出版社	2023年9月
	我是医学生：基础医学汉语课本3-4	朱瑞蕾、甄　珍	北京语言大学出版社	2023年2-6月

（待续）

（续表）

课程类型	教材名称	主编	出版社	出版时间
专门用途中文教学	我是医学生：基础医学汉语练习册 4	朱瑞蕾、甄 珍	北京语言大学出版社	2023 年 6 月
	知行·经济汉语系列教材：商务汉语综合教程（宏观篇）	翟宜疆	北京语言大学出版社	2023 年 7 月
	知行·经济汉语系列教材：商务汉语综合教程（微观篇）	翟宜疆	北京语言大学出版社	2023 年 9 月
	MCT 标准教程（一·上）	骆 琳、李 骢、李亚男	北京语言大学出版社	2023 年 9 月
	MCT 标准教程（二·上）	骆 琳、李 骢、李亚男	北京语言大学出版社	2023 年 9 月
	数学·精讲精练	赵美威、邴琳琳、王 光	北京语言大学出版社	2023 年 9 月
	化学·精讲精练	乔梦羽、张 诗	北京语言大学出版社	2023 年 9 月
	物理·精讲精练	张 狄、贾 艳	北京语言大学出版社	2023 年 12 月

6.3　国际中文数字教材出版概况

随着信息技术的发展和多媒体资源的普及，在国际中文教育领域涌现出丰富的数字教材出版形态，其中新形态教材、网络课程、数字应用是数字教材最常见的三种呈现形态。

6.3.1　新形态教材

新形态教材是一种以纸质教材为基础、对多种数字资源进行一体化设计、为教学活动提供综合性解决方案的教学材料，是一种从内在形态到外在形态、从功能到使用方式都全面革新升级的教材体系。截至 2023 年年底，可统计的国际中文新形态教材共计 3,679 册，资源类型丰富，数量众多，表现出明显的视听化趋势。北京大学出版社基于"歪果仁研究协会"的原创视频内容出版了《别见外——中高级汉语视听说教程（Ⅰ、Ⅱ）》，高教社基于 VR 技术设计开发了《体验汉语 VR 视听说教程》，人教社与美国国家地理学习（圣智学习集团）联合开发了"中国读本"丛书，依托绘本和视听资源，为学习者直观、立体地呈现中国当代风貌。2023 年，中国国际中文教育基金会针对孔子学院核心语言学习需求，规划立项覆盖《国际中文教育中文水平等级标准》1—5 级，囊括千余种数字资源的综合性、一体化新形态系列教材。然而，各研发主体对于新形态教材的策划与研发还处在起步、探索阶段，总体而言，将纸质教材与数字化教学资源进行系统的一体化建设的教材数量极少。

6.3.2　网络课程

2023 年，国际中文网络课程在慕课、微课、直播课、短视频等多种形态上均有所突破。其中，慕课课程的建设主力为高校，各高校以课程为单位进行慕课的整体设计。3 月，北京大学对外汉语教育学院刘晓雨副教授主讲的课程"Chinese for Beginners 虚拟现实（VR）体验版"在 Coursera 平台首发，成为全球第一门中文虚拟现实慕课课程。相比而言，微课依托碎片化课程资源，短小精悍，可供灵活使用。各类行业微课大赛为师生提供了切磋制作理念、交流使用心得的平台。4 月—12 月，北京师范大学国际中文教育学院、唐风国际教育集团主办"第五届全国研究生汉语教学微课大赛"，共有 132 所院校 4,311 人参与并提交微课作品 1,954 件。7 月—12 月，新加坡科思达孔子课堂和汉考国际共同发起"第三届国际中文课堂教学短视频大赛（2023）"，共收到来自 16 个国家的

158 件参赛作品。2023 年，网络直播课程形态丰富。其中"网络中文课堂"规模进一步扩大，阿根廷"萨尔塔天主教大学网络中文课堂"启动，以"直播+点播+团组辅导"相结合的模式开展教学。截至 2023 年年底，全球已有 23 家网络中文课堂陆续在希腊、英国、美国、法国、巴西、意大利等 19 个国家建立，注册学员近 7,000 人，惠及中文学习者近 50 万人。此外，LingoAce、lingo Bus、比邻中文、悟空中文等中文在线教育平台均在师资、课程内容等方面进行了一定的迭代。随着社交媒体的普及和发展，在海内外社交媒体上涌现出了大量中文学习类短视频资源，仅以 YouTube 为例，订阅量过万的中文教学频道就有 30 多个，发布视频总量过万，累计订阅总人数超 570 万。

6.3.3 数字应用

2022 年 11 月，OpenAI 研发的生成式人工智能聊天机器人程序 ChatGPT 横空出世，引发了巨大反响。2023 年 3 月，百度也推出了生成式对话产品"文心一言"。在国际中文教育领域，众多专家尝试使用这一工具进行语音练习、词语造句、语法解释、文章编写和修改、课程设计、大纲编制、资源推荐等。初步结果表明，生成式人工智能在推进以学习者为中心的教学模式优化、多元场景和多元语境辅助创设、教师数字素养提升等方面具有积极意义；但是也存在不少问题，如语义理解有时不准确、高质量的中文基础语料尚待丰富、词汇语法等级尚未划分、内容生成存在常识性错误等。除 ChatGPT 外，2023 年也出现了一些结合人工智能技术的国际中文教育数字应用。12 月，汉考国际在世界中文大会期间发布"国智考平台"（National AI Test）。该平台是在原有的全球网考平台基础上推出的基于人工智能和云计算的智能考试服务平台。同样在世界中文大会上，海南双猴科技发布了一体化中文学习机——中文联盟全语通学习机。

6.4 国际中文教材使用案例

6.4.1 四川大学：分阶段设课，全面推进教材实际应用

2022年8月，"理解当代中国"国际中文教材系列由外研社正式出版。该系列教材面向中文水平较高、希望深入了解当代中国和进一步提高中文水平的学习者，注重内容与语言相融合、理论与实践相结合、理解与表达相促进，是将语言教学与国情文化教育有机融合编写的国际中文教材创新范例。教材出版后，多所高校相继开设专门课程，积极应用该系列教材。四川大学海外教育学院为教材应用制订了完善的方案。首先，在教学计划中分两个阶段设置课程。第一阶段在现有课程中置换教材，即将系列教材用于现有的"高级阅读""高级视听""当代中国话题"课程，每学期单课程的课时量为32课时，一学年完成《高级中文听说教程》或《高级中文读写教程》的学习。第二阶段新增专门课程，即单独开设"理解当代中国：读写专题"课程和"理解当代中国：听说专题"课程，每学期单课程的课时量为64课时，一学期完成《高级中文听说教程》或《高级中文读写教程》的学习。其次，在师资配备方面，建立梯度化的授课教师团队。目前共有教师6—8人，教研室负责组织授课教师团队进行课程开发、教师培训、集体备课，并开展相关学术研究与教学交流活动。最后，结合授课主题，充分利用当地丰富的社会文化资源，积极打造第二课堂，为学生提供"知华友华"实践体验平台。通过以上举措，四川大学海外教育学院全面、系统、高效地推进了系列教材的实际应用，取得了较好的效果。

6.4.2 华东政法大学：设置真实场景，提升商务汉语实战能力

在2023年秋季学期，华东政法大学国际教育学院选取了由外研社出版的《新时代经贸汉语口语：用汉语来工作》作为商务汉语方向留学生专业主干课程"商务汉语会话"的教材。该教材以培养学习者在工作环境中

使用汉语进行交际的能力为主要目标，通过生词学习、课文理解、练习和实践活动等方式，帮助学习者熟悉工作语境，掌握商务活动中的常用词语及表达方式，提高与同事、合作伙伴及客户的沟通效率。该教材的教学设计以一名大学毕业生初入职场的故事为线索，涉及面试、入职及工作中的调查、开会、邀请客户、与客户会谈、参观工厂、宴请客户、设计促销方案、出差、参展等多个话题。通过这些实际场景，学生可以全面了解"从国内销售到国际出口"这一完整商务流程。该教材受众角色定位清晰，语言贴近真实商务环境，同时将整个商务活动置于当代中国经济发展大背景之下，能够使学生更为深入地理解经济领域的表达方式。在实际教学中，教师根据教材设计的不同商务场景，通过课堂讨论、角色扮演、实地考察等多种教学手段，引导学生充分运用教材中学到的语言知识，模拟真实工作场景，提高他们在商务环境中的语言交际能力。据学习者反馈，在亲身体验了教材中设计的不同商务场景后，他们既在实践中巩固了所学知识，又提升了自身解决实际问题的能力，从而为将来在职场中胜任工作打下坚实基础。

6.4.3 柬华应用科技大学：双零基础授课，开拓"中文+技能"学习模式

在柬埔寨柬华应用科技大学，学生使用"新丝路'中文+职业技能'"系列教材在实验实训教室上课。他们都是当地双零基础（零语言基础、零技能基础）学生，主要学习目标是以中文为媒介语来学习、掌握一门中国的先进技术，以便毕业后能在当地就业。"新丝路'中文+职业技能'"系列教材包括汽车服务工程技术、物流管理、酒店管理、机电一体化、电子商务、计算机网络技术、导游等七个专业方向，涵盖初级（零起点）、中级、高级三个语言等级，对标初级、中级、高级三个职业技能等级。教材从初级最基础的语音知识学习和岗位认知开始，将"中文+职业技能"融入工作

场景对话，把工作分解成一个个任务，用图片认知的方式解决专业词语的认知问题，用视频展示的方法解决学习者掌握的中文词语与专业技能不匹配的问题。教材设计了多个环节、多种类型的实操任务，学习者在实验实训教室完成"做中学"，实现沉浸式、仿真式学习，加深知识烙印，实践中文应用。教材配套教学课件、慕课、示范课短片等辅助教学资源，帮助授课教师快速进入"中文+职业技能"教学模式，提升教学效果。

6.4.4 亚美尼亚中学：针对国情学情，编选本土化系列教材

2015年，中文课程被正式纳入亚美尼亚共和国基础教育课程体系。为满足亚美尼亚中小学对本土中文教材的迫切需求，在中外语言交流中心的协调和指导下，人教社与亚美尼亚玛丽出版社合作出版了《快乐汉语》亚美尼亚语版系列教材。该系列教材包括1—3册，共9个品种。2022年7月，亚美尼亚共和国教育、科学、文化和体育部正式批准《快乐汉语》亚美尼亚语版系列教材为其指定中文教材。2023年，《快乐汉语》亚美尼亚语版第一册、第二册学生用书和练习册全面投入使用，目前已有12所中学共计2,100余名中学生使用该套教材。当地官员、教师认为该系列教材"更符合亚美尼亚国情，更易为亚美尼亚中学生接受"。正在使用该套教材的亚美尼亚中学生则普遍认为，《快乐汉语》亚美尼亚语版"颜色鲜艳、插图好看、内容有趣，非常适合中学生学习中文"。《快乐汉语》亚美尼亚语版系列教材的出版和使用，填补了亚美尼亚本土中文教材空白，创新了国际合作出版模式，为亚美尼亚共和国国际中文教育提供了支持和助力，标志着亚美尼亚中文教育进入更高阶段、迈入更高水平。

6.4.5 北美地区幼儿园：学习主题读物，发展儿童多元智能

《我的美好中文之旅》是面向北美地区学前阶段中文学习者的读物兼教材，同时也是华语教学出版社出版的"美好中文"系列教材的重要组成

部分。2023 年，《我的美好中文之旅》全系列出版。该套读物根据"美好中文"系列教材的话题和学习内容编创了 13 个具有教育意义的故事，主题涉及教室、颜色、数字、水果、食物、动物、家庭、身体部位、形状、星期、天气、节日和交通工具，配以丰富有趣的插图，学生可以通过读故事巩固所学内容，并潜移默化地养成良好的品格。在该套读物/教材的使用过程中，学龄前儿童对书中设计的互动练习兴趣十足。在教师和家长的带领下，他们一边阅读有趣的故事，一边完成涂色、画画、数数、连线、找不同等各种形式的练习活动，在该过程中发展了语言、数学、音乐、美术、生活等方面的多元智能，在学习汉语的同时也增强了德智体美劳等各方面的综合能力。

6.5 国际中文教材教师培训

6.5.1 创新赋能：发展中文教学新理念，探索口语产出新方法

为进一步推动国际中文口语教学理论创新与课堂建设，探索新时代背景下国际中文口语教学前沿方法，2023 年 5 月 20 日，外研社举办了"产出导向法（POA）在国际中文课堂的应用"教研活动，聚焦 POA 在国际中文教学中的应用。该教研活动包括专题讲座和教学工作坊。专题讲座介绍了"产出导向法"这一中国原创的语言教学理论，阐述了该理论模式与传统教学理论或模式相比有哪些突出的优势，并系统阐述了基于该理论所编写的"新时代汉语口语"系列教材的设计与使用。通过专题讲座，参会教师较为全面地了解了 POA 理念及其在"新时代汉语口语"系列教材中的贯彻和应用。在教学工作坊中，两位一线教师基于丰富的教学经验和教材使用经验，分别对产出导向型初级汉语口语课和中级汉语口语课的教学设计进行了课堂展示，按照教材模块（驱动—促成—产出—评价），以课件、教学视频片段为例介

绍每个环节的教学流程,说明教学中可能出现的问题及对策。该教研活动让参会教师对"产出导向法"这一创新型语言教学法有了更加全面而深刻的把握,同时也直观地了解了该教学法在汉语口语课堂教学中的实际应用,切实掌握了实用、有效的教学方法,以便今后更好地应用教材和展开教学。

6.5.2 凝心聚力:在交流中汇思考,在沟通中凝共识

随着"一带一路"合作的蓬勃开展,中国和阿拉伯国家在经济、文化、教育等领域的交流与合作不断加深。为了满足和适应阿拉伯国家中小学及幼儿园学生学习中文、了解中国的需求,在中外语言交流中心的策划指导下,外研社出版了"手拉手""你真棒""跨越丝路"等系列中文教材。为了帮助使用以上教材的一线教师们更好地了解教材编写理念、使用方法等,为广大师生提供更多优质的教学资源和服务,外研社分别于阿布扎比时间2023年5月23日和24日在阿布扎比和迪拜开展了两场教学工作坊,来自阿联酋、沙特阿拉伯的近60名中文教师报名参与。该培训全面介绍了"手拉手""你真棒""跨越丝路"三套教材的编写理念、编创特色、使用方法及配套数字资源。参会教师以小组为单位,基于三套教材及其配套数字资源,展开充分的教学研讨,形成教学方案。在展示环节中,各小组围绕教学设计进行了各具特色的呈现,充分展示了阿联酋当地中文教师的热情、专业和智慧。在该次培训中,阿联酋一线中文教师齐聚一堂,共同探讨交流,为三套教材的使用贡献了丰富而精彩的范例,有效促进三套教材在阿联酋中文教学中的实际应用,帮助提升教材使用效率和整体教学质量。

6.5.3 双向哺育:以教材带理念,以培训促应用

2023年7月22日,由北京语言大学出版社与上海交通大学人文学院汉语国际教育中心合办的"知行合一——商务汉语教学创新研讨会"在上海交通大学召开,共有来自海内外62所院校的100多名教师参会。会议

以最新出版的专门用途汉语教材"知行·经济汉语系列教材"作为研讨重点，从宏观、中观、微观三个层面讨论了新时期商务汉语教学模式创新、能力培养方案、教学方法等多个问题。宏观层面，学界专家就商务汉语课程设计、教学法、教学模式等三个话题展开讨论；中观层面，团队主创详细解读了该套教材在"能力培养"方面的细化方案；微观层面，教材各分册作者以课型为单位进行教学示范展示。该研讨会设计紧扣教材名称"知行"，强调"知行合一"，既有宏观理论，又有中观解构，更有微观范例，尝试自上而下、由表及里地与参会教师一同探讨教学新挑战、新理念、新模式、新方法。该活动不仅推广新教材，也介绍新理念，还是一次有针对性的教学培训。

6.5.4 交流提升：开展专业研讨，推动教学创新

2023 年 11 月 25 日，由华语教学出版社与浙江工业大学共同举办的首届"国际中文教育及教学资源高质量发展研讨会"在浙江工业大学召开。学界专家及行业代表分别作了"传播学视域下的国际中文教材评估与研发""跨语跨文化释义——小议国际中文教学中的翻译""融媒体时代的国际中文教学资源建设""汉语第二语言教材的使用、编写与研究"等主题报告，从教学理念更新、教学资源创新开发、数字技术应用、教材编写平台使用、教材评估等角度展开研讨。华语教学出版社品牌教材《新当代中文》的主创团队系统地介绍了《新当代中文》的教学资源体系，讲解了教材的编创理念与特色，帮助教师们更好地理解和使用该教材。该研讨会关注教学理念的发展和更新，探讨新时代背景下教学资源建设的新模式和新手段，聚焦教材的应用及评估，能够帮助参会的一线师生了解最新的教材及教学资源建设情况，推动国际中文教学理念及教学法的创新与发展。

第七章 外语教材研究

服务国家重大战略和人才培养需求、构建中国特色高质量教材体系，需要加强教材研究，引导教材改革方向，服务教材编修工作，为教材建设工作提供专业支撑，为教材管理提供决策参考。本章从期刊论文、科研项目、会议交流三方面梳理2023年外语教材研究相关成果，总结外语教材研究在研究主题、研究视角等方面的特点，以期进一步促进新时代外语教材研究的发展，为外语教材建设与管理提供借鉴和启示。

7.1 期刊论文

7.1.1 文章数量和来源期刊

2023年，在外语类CSSCI来源期刊和北大核心期刊上发表的外语教材研究论文共38篇。文章的来源期刊共13种，包括《外语界》（11篇）、《外语教育研究前沿》（7篇）、《外语电化教学》（3篇）、《山东外语教学》（3篇）、《外国语》（3篇）、《现代外语》（2篇）、《西安外国语大学学报》（2篇）、《外语学刊》（2篇）、《外语教学》（1篇）、《上海翻译》（1篇）、《外国语文》（1篇）、《外语研究》（1篇）和《解放军外国语学院学报》（1篇）。

与 2022 年（文章数量 19 篇，来源期刊 7 种）相比，2023 年的文章数量和来源期刊数量都约增长了一倍。

7.1.2　教材的语言和学段

文章中所研究的教材涉及不同语言和学段。从教材教授的语言来看，英语教材占绝大多数（32 篇，占 84%），其他语言教材数量较少，包括法语、日语、德语、国际中文教材等（6 篇，占 16%）。从教材对应的学段来看，以大学教材为主（24 篇，占 63%），其次是中学教材（4 篇，占 11%），其他（10 篇，占 26%）未在文章中明确体现具体学段。可以看出，在 2023 年，大学英语教材仍是主流研究对象。

7.1.3　研究类别与主题

38 篇文章的研究类别大致可以分为 7 类，包括教材分析（10 篇）、教材建设（8 篇）、教材编写（6 篇）、教材使用（3 篇）、教材评估（1 篇）、教材研究综述（6 篇），以及与教材相关的教师发展（4 篇）。

1) 教材分析

聚焦教材分析的论文有 10 篇，其中 6 篇分析国内外不同语种教材中的文化呈现。张铁夫等（2023）以一套大学英语教材为研究对象，从教材编写原则、内容编排、练习活动三个层面考察其如何培养学生的跨文化能力，并分析教材中关于跨文化能力培养的文化呈现内容。李加军（2023）对一套基于跨文化教育理念编写的大学英语教材的文化国别、文化主题、文化层面、文化呈现路径等跨文化信息进行定量分析。张鹏（2023）从国家研究、公民教育研究和文化研究三个维度，对比分析中外各两套大学英语教材的文化呈现。马小彦、潘鸣威（2023）考察在新课标、新教材背景下我国中学法语教材中文化呈现的内容特点和方式。李晓楠等（2023）以俄罗斯两册高中英语教材为研究对象，对教材中呈现的文化地域、文化类型和文化呈现方式进行量化统计及质性分析。与以上 5 篇文章主要采用内容分析法不同，葛囡囡（2023）采用符号分析法，以日本使用最广泛的两套德语教材为研究对象，分析教材中呈现文化的图像与相关文字之间的关系，以及图像在教材中发挥的作用。

另外 4 篇文章分别分析教材所体现的教学思想以及教材中的思辨元素、形成性评价教学活动、数字化特点等。马楷惠、王继红（2023）评述了威妥玛翻译教材的特点及其翻译教学思想。张军、刘艳红（2023）运用语料库方法，探究我国 12 套"国家级规划"大学英语教材语篇中主题语义域的思辨表征和思辨元素分布特征。杨莉芳（2023）分析了大学英语教材中形成性评价活动的频度与活动设计的特点。廖晓丹、陈坚林（2023）从内容、工具、技术三个维度探讨了韩国英语数字教材的编制特点与启示。

2) 教材建设

聚焦教材建设的论文有 8 篇，其中 2 篇文章从宏观视角探讨我国外语教材建设的理论体系、使命任务等。束定芳（2023）提出，教材理论体系应该包括宏观角度对教育生态系统中各参与者和重要因素之间相互关系的研究，中观角度教材编写、评估和使用的依据和标准，以及微观角度教材的构成、内容、呈现方式等。王铭玉、袁鑫（2023）在分析新时代外语教材内涵的基础上，探讨我国外语教材建设的使命、机遇、挑战与任务，并展望未来外语教材建设的方向。

5 篇文章从中观视角结合课程思政、新文科建设、教育数字化等背景，探讨特定类别或特定主题下的外语教材建设路径。徐锦芬、刘文波（2023）聚焦课程思政资源体系建设，探讨如何实现大中小学外语教材思政内容一体化。肖维青、赵璧（2023）以"大学英语课程思政数字资源包"建设项目为例，阐述如何对现有外语教材进行内容重构，以满足课程思政需求。王乐、王晓泞（2023）探讨新文科背景下语言学教材建设的困境和优化路径。龙晶晶、宫齐（2023）梳理了国内现有翻译教材的现状，指出翻译教材建设的问题，并提出相应的对策。覃军、杨利（2023）阐述智能时代立体化翻译教材的建设原则、特征与实践路径。

1 篇文章从微观的个案分析视角切入，阐述外语教材建设实践。刘建达（2023）以一套大学英语教材为例，从教材编写理念、教材框架和内容、教学方法等方面探讨新时代大学英语教材建设的新路径。

3） 教材编写

聚焦教材编写的论文有 6 篇，其中 4 篇探讨外语教材的编写理论与实践。文秋芳（2023）报告了在实践基础上凝练的大学外语教材编写理论体系，包括五个要素：国家与社会要求、外语教材文化范畴、外语教与学的理论、外语学习者成长特点和编写管理规范。贾蕃、徐晓燕（2023）以一套英语专业教材的编写实践为例，探讨教材的思辨编写理念和思辨内容设计。田妮娜、傅荣（2023）基于一套法语专业教材的编写实践，呈现了教材编写在育人导向、学习中心、能力培养和中国特色四个方面的经验和反思。王晓莉、胡开宝（2023）介绍了一套大学英语教材在编写时如何融课程思政元素、英语应用能力培养、语料库技术于一体，突显外语教材的人文性和应用性。

另外 2 篇着重在理论层面探讨外语教材编写的路径。王树槐（2023）在回顾中国汉英翻译教材的发展阶段、教材编写的规律性特征的基础上，对汉英翻译教材编写的前景进行展望。蔡基刚（2023）探讨了在跨学科背景下，新一代大学英语教材编写的方向、内容和方法。

4） 教材使用

聚焦教材使用研究的论文有 3 篇，其中 2 篇结合课程思政和国际传播能力建设背景，阐述如何有效使用"理解当代中国"系列教材。孙吉胜、石毅（2023）探讨了教师如何从语言和内容层面着手用好该系列教材，并以中国外交为例，阐述教师如何在教材的具体使用过程中帮助学生拓展专业能力，以更好地满足国家对外交往的需求。程维（2023）基于教材编写目的、教材试用期间部分教师反馈的问题，提出教师应准确把握教材的编写意图，并以此为原则进行教材的"二次开发"，处理好教学的"因事为制"与知识的完整建构、学科内容与教育维度、"教材"与"学材"这三组关系。另1篇从学生视角探究教材使用过程，即苏芳等（2023）以语言社会化理论为指导，探讨外语专业本科生对专业教材的接受行为。

5) **教材评估**

聚焦教材评估的论文有 1 篇。秦丽莉等（2023）结合外语课程思政背景，基于生态给养理论构建了主体多元、静动结合的外语教材课程思政元素多模态内容评估框架，并引入多模态批评话语分析和 Q 方法作为主要评估手段。

6) **教材研究综述**

聚焦教材研究综述的论文有 6 篇。1 篇从整体视角综述国内英语教材研究，即常畅、杨鲁新（2023）以国内 15 种外语类核心期刊的 270 篇论文为数据来源，采用定量与定性相结合方法述评 1962—2022 年国内英语教材研究。

2 篇对教材建设实践中特定环节的研究进行综述。李欣然、施清波（2023）对 2004—2023 年国内外外语教材编写研究领域的 291 篇中英文核心期刊论文进行梳理。徐锦芬、刘文波（2023）从教材使用取向、教材使用策略及行为和教材使用影响因素三个方面评述相关分析框架，并提炼相关研究主题。

3 篇对特定类别教材或教材中的特定内容进行综述。陶友兰（2023）采用文献计量法和内容分析法梳理考察了过去 40 年来中国翻译教材研究的发展状况与特点。朱鹏霄、于栋楠（2023）以检索自中日两国文献数据平台的 975 篇与日语教材研究相关的论文为对象，以量化方法对比发文趋势、研究主题、数据来源和分析方法。刘熠、刘建宇（2023）对国外期刊上 121 篇关于二语教材文化内容的实证研究文献进行了系统分析。

7) **与教材相关的教师发展**

聚焦与教材相关的教师发展的论文有 4 篇，探讨教材编写和教材使用对教师专业发展的作用及其相关影响因素。徐锦芬（2023）从提升外语教师的专业知识、专业能力、道德情操及情感认同感等方面讨论了外语教材建设对教师专业发展的促进作用。杨姗姗等（2023）采用个案研究法探析七名高校外语教师在教材编写项目中的专业发展情况及其影响因素。金檀等（2023）介绍了智能改编的三种范式，并结合语料库知识、语料库技术操作技能与语料库教学应用技能三个维度，阐释每种范式所需的教师语料库素养。贾蕃、张海燕（2023）探究了外语教师在教学实践过程中所开展的挖掘、补充、改编等教学资源开发行为对其信息素养的影响。

7.1.4 2023年外语教材研究的特点

与2022年相比，2023年外语教材研究呈现出相似的两个特点。第一，在研究类别方面，教材内容分析研究、教材建设与编写研究仍占主导地位（2022年占89%，2023年占62%），教材使用与评估研究整体偏少（2022年和2023年都只占11%）。这表明，国内外语教材研究重建设和编写、轻使用和评估的现象仍然存在。第二，在研究主题方面，课程思政与外语教材中的文化呈现仍是外语教材研究的热点话题。这可能与国家政策层面重视外语教育立德树人和培养学生的跨文化沟通能力相关。

就2023年外语教材研究呈现的新特点而言，除了7.1.1节提到的文章数量和来源期刊数量的增长，在研究主题和内容上有以下两个方面值得关注。

1) 扩围：新主题研究数量增长

2023年，以下三个主题的研究有所增长。虽然这三个主题类别的增长并非从无到有，但是整体上之前相关的研究较少。

第一，新形态外语教材与教学资源相关研究，具体包括智能时代立体化翻译教材的建设（覃军、杨利 2023）、对韩国英语数字教材编制特点的分析（廖晓丹、陈坚林 2023）以及对课程思政数字资源的建设（肖维青、赵璧 2023）。这表明，在外语教育和外语教材面临数字化转型的新时期，如何建设数字教材和教学资源受到越来越多的研究者关注。

第二，与教材相关的外语教师发展研究，主要探讨外语教师在教学实践中使用或改编教材（贾蕃、张海燕 2023；金檀等 2023）和参与教材编写（徐锦芬 2023；杨姗姗等 2023）对其专业能力发展的影响。教师是教材使用的主体，也是教材编写的主要力量，关注教师在教材使用与编写实践中的专业发展有助于促进二者之间的良性循环互动。

第三，外语教材研究综述，综述对象包括国内英语教材研究（常畅、杨鲁新 2023）和翻译教材研究（陶友兰 2023）、外语教材编写研究（李欣然、施清波 2023）、外语教材使用研究（徐锦芬、刘文波 2023）、国外二语教材文化呈现研究（刘熠、刘建宇 2023）和中日两国日语教材研究（朱鹏霄、于栋楠 2023）。不同主题的外语教材研究综述有助于该领域的研究者从整体上把握相关研究的发展趋势和特点，并为未来研究提供借鉴和启示。

2) 提质：同主题研究视角拓展

2023 年，以下三个研究主题在研究视角上有所拓展。这三个主题都是国内外语教材研究中关注度较高的话题，2023 年在研究内容、方法或对象上有微创新。

第一，外语教材与课程思政研究。2022 年的课程思政相关研究主要聚焦外语教材中应该融入哪些思政元素、怎么融以及教师在使用教材时怎么教。2023 年的课程思政相关研究关注全国范围内被较大规模使用的"理解当代中国"系列教材如何教（程维 2023；孙吉胜、石毅 2023）、外语教材课程思政元素多模态内容如何评（秦丽莉等 2023），以及如何建设课程思政数字资源（肖维青、赵璧 2023）和实现大中小学外语教材思政内容一体化建设（徐锦芬、刘文波 2023）。

第二，外语教材中的文化呈现研究。与之前研究主要采用文本分析视角关注文化内容、国别文化等不同，葛囡囡（2023）从符号学视角深入剖析文化的图像及其与相关文字之间的关系以及图像发挥的作用，表明教材文化呈现研究从文本模态拓展到多模态。

第三，外语教材使用研究。已有教材使用研究主要从教师视角展开，探究教师的教材使用取向、使用策略、影响因素等内容。苏芳等（2023）从学生视角探究学生在教材使用过程中的教材接受行为，包括教材理解、策略使用和情感体验等。

整体而言，2023年外语教材研究在数量上有较大幅度增长，研究主题更加丰富，研究视角更加多元。在外语教育教学改革进一步深化的背景下，外语教材研究充分结合教育数字化、新文科建设、课程思政等话题，探讨新时代外语教材的建设、编写、使用与研究的新方向、新路径、新趋势，助力外语教材高质量发展。未来还须进一步加强以下主题的研究。第一，新形态外语教材研究，促进人工智能与外语教材建设与使用的深度融合，助力外语教材和外语教育数字化转型。第二，中国特色外语教材建设理论与实践研究，立足中国外语教材编写与使用的现实问题，构建全面、系统的外语教材建设理论，促进中国外语教材自主知识体系构建。第三，外语教师在教材编写与使用中的专业能力发展研究，教师在教材编写与使用中发挥关键作用，要重视外语教师专业能力提升与外语教材建设与使用两者之间的互促互进和协同发展。

7.2　科研项目

2023年，获得国家社科基金重大项目和语言学类一般项目的教材研究有四项，分别是：百年来我国大学教材建设史料整理与研究（刘学智，东北师范大学）、基于数据库的中国内地与港澳中小学外语教材国家认同研究（刘艳红，燕山大学）、朝鲜半岛1910—1945年间汉语会话教材注音研究（徐春兰，延边大学）和新中国基础教育英语教科书视觉元话语建构研究(吁思敏,上海师范大学)。获得教育部人文社会科学基金项目的语言学、教育学和交叉学科类教材研究项目有九项,分别是:外语教材中的国家意识话语建构及其育人功能研究(熊涛,广东外语外贸大学)、跨文化视域下东南亚五国本土汉语教材中国形象比较研究(张欢,华南理工大学)、中法对外语言教材融入国家情怀的互鉴研究(丘淑鸣,中山大学)、新制度主义视角下中小学教材制度综合改革路径研究(张振,东北师范大学)、新中国中小学教科书主流意识形态话语体系嬗变与进阶研究(王超,湖南科技大学)、大数据时代教科书舆情风险的防治研究(高湘平,首都师范大学)、数字时代教材建设和管理的意识形态问题研究(杨柳,西南大学)、"一带一路"国际化视域下中医教材英译与传播策略研究(杨渝,上海中医药大学)和中小学英语教材学科知识与意识形态建构研究(周今由,西南医科大学)。从研究主题来看,主要聚焦在教材建设史研究,教材中的国家认同、国家形象、国家情怀、国家意识话语建构研究,数字时代教材建设与管理研究,本土教材外译研究等,这表明当前外语教材研究的重点不仅关注教材内容的深度和广度,还包括教材的育人功能、文化传播、建设与管理等多维度的探讨,旨在全面提升教材质量,满足时代发展需求。

高校外语教材研究机构继续推进外语教材研究专项课题实施。北京外国语大学和上海外国语大学于 2023 年 7 月获批"第二批国家教材建设重点研究基地——大中小学外语教材研究基地"。9 月,北京外国语大学中国外语教材研究中心发布 2023 年度"中国外语教材研究专项课题",鼓励研究者秉持教材立德树人的根本宗旨,结合新形势下中国外语教育改革与创新要求,对中国外语教材建设与管理的重点、难点和紧迫问题开展深入研究,探讨教材促学促教的有效路径,产出高水平研究成果,推动外语教材高质量发展,为我国大中小学外语课程改革、教学创新与教师发展提供有力支撑。课题目录含《习近平总书记教育重要论述讲义》(英文版)教学研究、"理解当代中国"多语种系列教材使用研究、外语教材编写理论与编写模式研究等 22 项(见表 7.1)。11 月发布中标通知,立项课题共 29 项。

表7.1 北京外国语大学中国外语教材研究中心
2023年度中国外语教材研究专项课题目录

序号	课题类别
1	《习近平总书记教育重要论述讲义》（英文版）教学研究
2	"理解当代中国"多语种系列教材使用研究
3	大学英语教材评价标准应用研究
4	英语专业类教材评价标准应用研究
5	多语种教材评价标准应用研究
6	世界主要国家外语教材评价标准研究
7	外语教材编写理论与编写模式研究
8	我国初中生英语课程标准四大核心素养量表开发及跟踪研究
9	核心素养视角下中小学英语教材内容研究
10	核心素养视角下中小学英语教材使用研究
11	新形态外语教材开发理论与实践研究
12	基于新形态外语教材的混合式教学研究
13	基于新形态外语教材的移动学习研究
14	新形态外语教材中的师生互动关系研究
15	高等教育大学英语教材史研究
16	高等教育英语专业教材史研究
17	职业教育外语教材史研究
18	非通用语种教材史研究
19	世界主要国家中小学英语教材研究
20	世界主要国家对外母语教材研究
21	国际通用原版英语教材研究
22	国外外语教材研究历史与现状

上海外国语大学外语教材研究院于2023年3月发布"2023年外语教材研究项目"申报指南。课题继续聚焦各层级、各语种的外语教材理论、外语教材建设及外语教材使用研究，设重点项目、一般项目和青年项目。课题方向包括外语教材中的中华文化融入与呈现研究、外语教材理论研究、外语教材使用研究、混合式教材建设研究、国外教材研究、职业外语教材建设研究、日语教材建设与使用研究以及两项定向课题。8月发布评审结果，确定32项中标课题。

7.3　会议交流

2023年，多场与外语教材建设与研究相关的全国性学术会议和论坛顺利举办，围绕新形势下外语教材建设理念更新、体系构建、实践成果交流等主题展开研讨。

3月25日，在第七届全国高等学校外语教育改革与发展高端论坛期间举办的"教材建设论坛：服务人才培养需求的外语教材建设与使用"在北京召开，11位发言人与2,000多名线上参会者分享了外语教材建设成果、外语教材编写的原则与特色和外语教材使用的实践与反思等，就外语教材建设与使用中的现实问题展开深入研讨。发言角度多元、内容丰富，充分体现院校特色，为外语教材建设与使用如何服务新时代国家人才培养需求带来了新的视野、新的实践和新的思考。

5月7日，第六届外语专业发展与教材建设全国研讨会在武汉召开，与会专家围绕"外语专业建设的守正与创新""中国特色外语人才自主培养体系创新与实践""新技术环境下的外语教学改革""课程思政与外语专业人才培养""外语专业课程改革与教材建设与实践""外语专业教学改革与教学资源建设与利用"六大议题，展开广泛研讨交流，推动了新文科建设和新技术飞速发展的背景下高质量外语教材体系建设。

6月29日—30日，第八届全国高校俄语专业教学法学术研讨会暨"理解当代中国"俄语系列教材与课程建设高端论坛在北京举办。来自全国75所高校的140余名俄语教育工作者参加会议，共同探讨新时代背景下俄语教育改革创新思路，分享教学成果与实践经验，助推俄语教育教学高质量发展。

8月25日—26日，第二届新文科背景下外语课程与教材建设论坛在上海举办。论坛设主旨报告、分论坛和学术沙龙，其中，主旨报告涵盖"课程建设"与"教材研究"两大主题；分论坛分别为"国家一流课程建设与成果分论坛"和"外语教材研究分论坛"；学术沙龙分为"课程与教材研究——青年学者沙龙"和"课程与教材研究——研究生沙龙"。该论坛对接国家新文科教育战略，汇聚外语课程与教材建设专家学者的群体智慧，为今后外语课程与教材建设研究拓宽了思路，有助于进一步推动中国外语课程与教材研究，提升外语课程与教材建设水平，促进外语教育高质量发展。

9月22日，第五届中国外语教材研究高端论坛在北京举办，主题为"数字化外语教材建设与研究：挑战与机遇"，共设六场主旨发言和两场圆桌论坛，教材管理和研究专家从宏观政策、理论方法、应用实践等多元视角，围绕新兴交叉学科教材建设、外语教材创新与一流课程建设、人工智能时代的外语教育与外语教材等主题共同探讨新形势下外语教材建设与研究的新机遇与新路径，推动新时代中国特色高质量外语教材体系建设与创新。

9月23日—24日，青少年英语教材开发、使用与评估国际学术会议在上海举行。多位学者、教师、教师研究者围绕中小学外语教材编写、配套资源建设、教材内容与使用研究、服务教材编写的教材试教试用研究、教育生态视角下的教材开发与教师教育研究等议题展开交流与研讨。

9月27日，教育部第二批国家教材建设重点研究基地工作交流会在北京举行。教育部领导对国家教材建设重点研究基地建设提出六点要求：一要明确认识定位，深刻领会设立国家教材建设重点研究基地的重要意义；

二要提高政治站位，用习近平新时代中国特色社会主义思想铸魂育人；三要夯实研究基础，努力把握教材建设规律；四要强化咨询指导服务，及时回应国家需求和群众关切；五要关注数字赋能，推动教材形态变革；六要汇聚各方力量，不断提升队伍专业水平。北京外国语大学代表第二批国家教材基地所在单位就基地建设现状、问题、规划等方面进行交流发言。

10月13日—15日，在第十届中国英语教学国际研讨会举办期间，北京外国语大学杨莉芳教授主持"新形态大学英语教材研究"专题研讨，围绕新形态教材的设计、使用与评估等主题，为提高教师数字素养、创新教研模式，促进人才培养和外语教育高质量发展提供新的视角与实用性启示。

与2022年相比，2023年与外语教材建设相关的全国性学术会议和论坛显著增多，推动了外语教育理念创新、教材编写与使用实践经验交流，助力中国自主外语教材知识体系构建，为促进具有中国特色、适应时代需求的高质量外语教材建设与发展贡献力量。

附录1：2023年中国外语教材发展大事记

时间	事件
4月25日	教育部办公厅发布关于印发2023年中小学教学用书目录的通知
6月19日	教育部办公厅发布关于公布首批"十四五"职业教育国家规划教材书目的通知
7月14日	教育部发布关于第二批国家教材建设重点研究基地认定结果的通知
8月25日	上海外国语大学外语教材研究院举办"第二届新文科背景下外语课程与教材建设论坛"
8月25日	上海外国语大学外语教材研究院发布"2023年外语教材研究项目"立项名单
9月22日	北京外国语大学举办第五届中国外语教材研究高端论坛
9月27日	教育部"第二批国家教材建设重点研究基地工作交流会"召开
11月15日	北京外国语大学中国外语教材研究中心发布"2023年度中国外语教材研究专项课题"中标通知
11月20日	教育部办公厅发布关于印发《"十四五"普通高等教育本科国家级规划教材建设实施方案》的通知

附录2：2023 年外语类 CSSCI 期刊和北大核心期刊外语教材研究文章

作者	文章名	期刊名
马楷惠、王继红	威妥玛的翻译教材及翻译教学思想	解放军外国语学院学报
李晓楠、张虹、常文哲、国晶	俄罗斯英语教材文化呈现研究	山东外语教学
葛囡囡	日本德语教材文化呈现研究——符号学视角	山东外语教学
张铁夫、王凯伦、袁睿	大学英语教材跨文化能力培养研究——以《新未来大学英语综合教程》为例	山东外语教学
王树槐	中国汉英翻译教材：发展、编制及展望	上海翻译
文秋芳	构建大学外语教材编写理论体系	外国语
徐锦芬	外语教材建设：教师专业发展新途径	外国语
束定芳	教育生态理论视角下的中国外语教材理论体系构建	外国语
田妮娜、傅荣	外语专业高年级精读教材编写实践与启示——以《新经典法语》（5-6）为例	外国语文
蔡基刚	外语教学跨学科背景下的第六代大学英语教材探索	外语电化教学
龙晶晶、宫齐	我国翻译教材建设反思：现状、问题与对策	外语电化教学
贾蕃、张海燕	教学资源开发对外语教师信息素养的影响研究	外语电化教学
杨姗姗、束定芳、王蓓蕾	高校外语教师教育者在教材编写中的专业发展研究	外语教学
贾蕃、徐晓燕	思辨能力融入外语教材编写的实践研究	外语教育研究前沿

（待续）

（续表）

作者	文章名	期刊名
刘　熠、刘建宇	国际期刊中二语教材文化内容相关实证研究现状与启示	外语教育研究前沿
廖晓丹、陈坚林	韩国英语数字教材的编制特点与启示	外语教育研究前沿
孙吉胜、石　毅	"理解当代中国"系列教材使用与高素质外语人才培养	外语教育研究前沿
程　维	《理解当代中国·汉英翻译教程》的"二次开发"：原则与实践	外语教育研究前沿
Lawrence Jun Zhang（张　军）、刘艳红	十二套"国家级规划"大学英语教材中思辨元素的特征分析	外语教育研究前沿
杨莉芳	大学英语教材形成性评价活动研究	外语教育研究前沿
肖维青、赵　璧	课程思政背景下的大学英语教材内容重构实践——以"大学英语课程思政数字资源包"建设项目为例	外语界
李加军	大学通用英语教材的（跨）文化呈现研究	外语界
常　畅、杨鲁新	我国英语教材研究 60 年述评——基于 CiteSpace 知识图谱的可视化分析	外语界
覃　军、杨　利	智能时代立体化翻译教材建设探究	外语界
刘建达	新时代基于形成性评价理念的大学英语教材建设——以《领航大学英语》为例	外语界
王晓莉、胡开宝	课程思政、英语应用能力与语料库技术"三位一体"的《新时代大学应用英语》	外语界
徐锦芬、刘文波	大中小学外语教材思政内容一体化建设研究	外语界
金　檀、李芷莹、徐曼菲、唐洁仪	面向教材文本智能改编的教师语料库素养及实践应用	外语界
王铭玉、袁　鑫	新时代我国外语教材建设的使命、任务与展望	外语界

（待续）

（续表）

作者	文章名	期刊名
秦丽莉、姜伟、王永亮	基于生态给养理论的外语教材评估框架构建——以课程思政元素的多模态内容为例	外语界
陶友兰	中国翻译教材研究四十年：现状、特点与未来趋势	外语界
朱鹏霄、于栋楠	中日两国日语教材研究的现状对比与启示	外语学刊
张鹏	中外大学英语教材文化呈现比较研究	外语学刊
王乐、王晓渟	新文科背景下对语言学教材建设的思考	外语研究
李欣然、施清波	外语教材编写研究二十年：述评与展望	西安外国语大学学报
马小彦、潘鸣威	新课标新教材背景下我国中学法语教材文化呈现研究	西安外国语大学学报
徐锦芬、刘文波	外语教材使用：分析框架与研究主题	现代外语
苏芳、李琛、侯俊霞	语言社会化视域下外语专业教材的接受行为研究	现代外语